Von der Saat der Worte

Hrant Dink

VON DER SAAT DER WORTE

Zusammengestellt, aus dem Türkischen übersetzt
und herausgegeben von
Günter Seufert

Verlag Hans Schiler

Bibliographische Information der Deutschen Bibliothek:
Die Deutsche Bibliothek verzeichnet diese Publikation in der
Deutschen Nationalbibliographie; detaillierte bibliographische Daten
sind im Internet abrufbar unter: *http://dnb.ddb.de*

© 2008 für die deutsche Ausgabe: Verlag Hans Schiler, Berlin
Alle Rechte vorbehalten / All rights reserved
Erstausgabe
1. Auflage 2008
Redaktion: textintegration.de
Printed in Hungary

ISBN 978-3-89930-222-6

www.schiler.de

Inhalt

Vorwort des Herausgebers 9

Hrant Dink, der Mensch hinter den Texten 13
von Karin Karakaşlı

I. Hrant Dink, Armenier und andere Nicht-Muslime

Meine Wurzeln sind in Anatolien
  Die Botschaft der Engel 31
  Meine Empörung gleicht dem steilen Flug der Schwalbe 33
  Tilili 35
  Ferman am Ende seiner Kraft 37
  Der Toilettenchor 40

Die Schwierigkeiten der Armenischen Gemeinde
  Zur Information über die Lage
  der Minderheitenstiftungen 42
  Ein Staatskloster? 45
  Wie wenige wir mittlerweile sind 47
  Was hat sich letztes Jahr geändert? 52

Minderheiten als Ausländer oder Staatsbürger zweiter Klasse
  Sind wir ein ›anvertrautes Gut‹? 59
  Fragen an meinen Lehrer 61
  Solange die Geisteshaltung sich nicht ändert 64
  Ansprechpartner: Außenministerium 66

Lage der anderen Minderheiten
  Wenn meine Seele mit sich selbst im Streite liegt 69
  Das eigentliche Possenspiel 70
  Da hab' ich gerade noch gefehlt 73
  Nicht alle Stiefkinder sind gleich 76
  Los, stürmen wir das Kloster! 78

II. Die armenische Frage neu gestellt

Diskussion mit den Armeniern Istanbuls
Gemeinschaft oder Gemeinde? 83
Armenier und zivilgesellschaftliches Engagement 85
Von »einer« Gemeinde sprechen 87
Falls wir tatsächlich wieder mehr werden 89
Da wir gerade bei diesem Thema sind.................. 91
Mitten im Sumpf.................................... 92

Die Identität der Armenier
Zu den einzelnen Generationen 94
Zur Rolle der Kirche................................ 95
Die Kinder von Sankt Vartan.......................... 97
Alltägliche und nichtalltägliche Identität 99
Die Bedeutung »des Türken« für das
armenische Selbstbild................................ 101
Die Befreiung des armenischen Selbstbilds
vom »Türken«...................................... 104

Die Diskussion mit der Diaspora
Wenn ihr eine Identität habt, habe ich drei! 107
Den Schmerz ernsthaft und mit Würde auf sich nehmen 109
Nur miteinander reden schafft Verständnis 111

Vertrauen zu Europa?
Meine Seelenverfassung 114
Ein Rat von einem, der Bescheid weiß 116
Zum 90. Jahrestag: Die politische Rolle Europas I 118
Zum 90. Jahrestag: Die politische Rolle Europas II 120
Auf deutsche Art 122

III. Frei sind wir nur gemeinsam!

Kulturelle Identität und Politik
Öffnet die Dose der Pandora nicht! 127
Ich will mein Kurdisch! 128
Die Türkeizugehörigkeit betonen 130
Zum muslimischen Charakter der Türkei 133

Wie geht man mit Geschichte um?
Die Karte vom vergrabenen Schatz 136
Zu viel, zu wenig und falsche Information 137
Für Anstand braucht es keinen Beleg aus dem Archiv 142
Anmerkungen zur Methodologie 1 144
Anmerkungen zur Methodologie 2 147

Schwere Zeiten
Die Eidechse Abdullah 150
Zeit für Psalmen 151
Wie gut, dass es Euch gibt! 153
Warum sie mich als Zielscheibe gewählt haben 155
Vor Angst verschreckt, wie eine Taube 162

Brüderlichkeit und Hoffnung
Sagten Sie »Nachhaltigkeit des Lebens«? 168
Wie man in Anatolien redet 170
Ihr .... immer noch 173
Kneif mich einer! 175
Die Falle auf dem Campus 177
Zum zehnten Jahrestag. Was haben wir erreicht? 180
Wir tanzen, und sei es auch mit Krücken! 181

Vorwort des Herausgebers

Als ich Hrant Dink zum ersten Mal reden hörte, hat er mich wie auch die anderen Zuhörer überrascht. Es war am 10. September 2005 in Berlin. Das Haus der Kulturen der Welt hatte zusammen mit den Berliner Festspielen ein Symposium organisiert, das den provokanten Titel »Modell Türkei?« trug. Es sollte danach fragen, ob die Türkei mit ihrem Laizismus auf der einen und mit einer muslimisch-konservativen und wirtschaftsliberalen Regierungspartei auf der anderen Seite ein Entwicklungsmodell für die muslimische Welt sein könne. Mit dieser Fragestellung war die Konferenz sowohl Ausdruck einer eingeschliffenen Sichtweise auf den Islam (als Fortschritts- und Demokratiehindernis) und gleichzeitig der Versuch, diese Sichtweise zu überwinden. Alle Redner, darunter ich, bemühten sich, die türkischen Muslime und das Verständnis, das sie von ihrer Religion haben, zu erklären und aufzuzeigen, dass es da viel Bewegung und positive Entwicklungsmöglichkeiten gibt.

Hrant Dink sollte als Armenier und als Herausgeber der einzigen türkisch-armenischen Zeitung im Land über die Lage der nichtmuslimischen Minderheiten in einer muslimischen Gesellschaft sprechen. Doch für ihn lag das Haupthindernis für mehr Demokratie in der Türkei nicht in der Religion, sondern beim Nationalismus der Türken und der Kurden. Deshalb sprach er darüber und nicht über die religiösen Minderheiten, nahm sich die Freiheit, Erwartungen erst einmal zu enttäuschen.

So wie Hrant Dink sich damals in Berlin geweigert hat, Erwartungen zu bedienen, so hat er dies in Istanbul getan, in Diyarbakir, in Paris und in den USA, ja selbst in Jerewan. Das habe ich allerdings erst nach seinem Tod richtig begriffen, als ich die Texte las, die er im Lauf von mehr als zehn Jahren für AGOS und andere Zeitungen geschrieben hatte. Zeitlich dazwischen lagen die Prozesse gegen Hrant Dink wegen »Erniedrigung des Türkentums«, die Hetzkampagne, die ihn zum »Türkenfeind« abstempeln sollte, seine Ermordung und der riesige Trauerzug, der zum Protest gegen diesen Mord wurde.

Erst jetzt verstand ich, dass es Dinks Weigerung, Erwartungen zu bedienen oder »sich einspannen« zu lassen, gewesen ist, die diesen Trauerzug ermöglicht hat. In ihn reihten sich Leute ein, die es satt hatten, dass ihre sprachliche und religiöse Zugehörigkeit zur Bildung von Fronten benutzt werden, bei denen sich »Türken« gegen »Kurden«, »Nichtmuslime« gegen »Muslime« und »Sunniten« gegen »Alewiten« in Stellung gebracht finden. Sie alle konnten sich auf Dink berufen, der sie zwar auch als Türken, als Kurden und als Armenier angesprochen hatte, doch der in diesen Identitäten, stets die Saiten zum Klingen gebracht hatte, die über sie hinauswiesen, die nicht das Trennende, sondern die das Gemeinsame betonten.

Für Türken und Armenier, die aufgrund der armenischen Katastrophe scheinbar nur Negatives teilen, scheinbar nur ihre Feindbilder und ihren Gegensatz gemeinsam haben, verwies Hrant Dink auf eine jahrhundertlange gemeinsame anatolische Vergangenheit und auf die Gemeinsamkeit eines seelischen Leidens an der Geschichte, die jenseits aller konkreten Gegensätzlichkeit zwischen beiden Völkern besteht. Und er sprach aus, dass die Türkei und Armenien nun einmal Nachbarn sind und sich damit einer gemeinsamen Zukunft stellen müssen.

Die Kurden und Armenier, die sich aufgrund derselben Katastrophe nicht weniger fern stehen als die Armenier und die Türken, erinnerte Hrant Dink daran, wie gefährlich es ist, sich Hoffnung auf politische Veränderung nur als das Nachbeten des Projekts vom Nationalstaat vorstellen zu können. Zum Hasardeurspiel werden solche politischen Projekte nach Dink, wenn ihre Realisierung in die Hände Europas oder der USA gelegt wird.

Doch der große Zweifler Hrant Dink hinterfragte nicht nur die scheinbar selbstverständlichen »Feindschaften«, er kratzte auch am Lack scheinbar gemeinsamer Interessen oder »natürlicher Freundschaften«. Hrant Dink wagte zu fragen, ob die Armenier in Armenien, die Armenier in der Türkei und in anderen Ländern des Nahen Ostens sowie die Armenier in Europa und den USA von vornherein immer die gleichen Interessen haben, oder ob die stärkste dieser Gruppen, die Diaspora, ihre Interessen absolut setzen kann und setzt. Ausdruck dieser Fragestellung war seine Serie über armenische Identität, die in der Diaspora viel Widerspruch erzeugte und die in der Türkei dazu benutzt wurde, ihm den Prozess zu machen.

Entschieden wandte sich Hrant Dink dagegen, dass die Armenier und ihr Schicksal von dritter Seite, das heißt primär von den Staaten Europas, für eigene Zwecke benutzt würden. Er hinterfragte deshalb die Motive, die hinter »westlichem« Engagement für die Armenier stecken und forderte die Staaten Europas auf, sich ihrer eigenen Verantwortung für das Schicksal des armenischen Volkes zu stellen.

So war Hrant Dink Christ und Armenier und gleichzeitig auch linksliberaler Staatsbürger der Türkei. Er wurde denen zum Vorbild, die ihre eigene Identität einklagen und die sich trotzdem nicht in ihr einsperren lassen wollen. Für die Türkei, in der seit Gründung der Republik der Streit um nationale, sprachliche, religiöse und konfessionelle Identität die Politik bestimmt, verkörperte die Haltung Dinks den Weg zu Ausgleich und zu Freiheit. Deshalb folgten so Viele seinem Trauerzug.

Hrant Dink, starb am 19. Januar 2007 durch die Hand eines aufgehetzten 17jährigen, der ihn vor der Tür seines Büros mit Schüssen in den Nacken tötete. Es gilt als sicher, dass der »tiefe Staat«, ultranationalistische Gruppen mit engem Kontakt zu Teilen der Geheimdienste und des Militärs, hinter dem Anschlag steckt.

Die Texte dieser Auswahl stammen fast ausschließlich aus der von Dink gegründeten Zeitung AGOS und wurden zwischen Mai 1996 und Januar 2007 verfasst. Die Auswahl spiegelt das intellektuelle und politische Werden Dinks und seine Persönlichkeit wider. Die drei Kapitel *Hrant Dink, Armenier und andere Nichtmuslime*, *Die Armenische Frage neu gestellt* und *Frei sind wir nur gemeinsam!* bilden nicht nur thematische Blöcke, sondern zeigen auch die Entwicklung von Dink und seiner Zeitung AGOS auf. Tatsächlich war Dink und der Zeitung in den ersten Jahren primär daran gelegen, die türkische Gesellschaft über die Lage der religiösen Minderheiten zu informieren. Die Armenier der Türkei sollten sich nicht nur den türkischen Staat, sondern die türkische Gesellschaft zum Ansprechpartner nehmen.

Später wandte sich Dink der armenischen Frage in vollkommen neuer Form zu und konfrontierte erstmals öffentlich alle sogenannten »stakeholder« dieser Frage, die Armenier Istanbuls, die Armenier der Diaspora, die Republik Armenien und die westlichen Staaten mit bohrenden Fragen. Seine Fragen zielten darauf, den Stillstand zu überwinden, der durch die Frontstellung »Armenier und ihre Unterstützter« auf der einen Seite und »die Türkei« auf der anderen Seite entstanden war.

Der letzte Abschnitt zeigt Hrant Dink als linksliberalen Intellektuellen der Türkei, der seine eigenen Erfahrungen mit Identität im öffentlichen Raum für die Demokratisierung der Türkei nutzbar macht. Dieser Teil enthält auch die Texte, die seine Verzweiflung kurz vor seiner Ermordung Ausdruck geben. Es war ein Anliegen der Mitarbeiter von AGOS, dass dieses Buch nicht mit Texten endet, aus denen Verzweiflung spricht, sondern mit Texten, die von Hoffnung geprägt sind.

Hrant Dink schrieb nicht nur Berichte, Kommentare und Analysen. Sehr gerne schrieb er Geschichten, die sich zugetragen hatten, erzählte von seinem Leben und dem Leben anderer Armenier. Diese Stücke wirken wie Gleichnisse. Sie lassen dem Leser Raum, sich einzufühlen, und Zeit, eigene Schlüsse zu ziehen. Bei diesen Texten wird deutlich, wie sehr Hrant Dink auf die »Saat der Worte« vertraut hat.

Ich danke Karin Karakaşlİ, die über elf Jahre eng mit Hrant Dink zusammengearbeitet hat, für ihre sehr persönliche Einführung zu diesem Buch. Ich danke Hrant Dinks Sohn Arat für die Über-lassung der Texte und für die Freiheit, die Auswahl treffen zu können. Und ich danke Susanne Landwehr, die jetzt ebenfalls in Istanbul lebt, sowie Christiane Schlötzer von der Süddeutschen Zeitung für die kritische Durchsicht der Übersetzungen und für viele nützliche Anregungen. Ohne ihre Hilfe hätte dieses Buch nicht erscheinen können.

Istanbul 8. Juli 2008
Günter Seufert

Hrant Dink, der Mensch hinter den Texten

Karin Karakaşlı

Als jemand, der bei fast allem, was Hrant Dink schrieb, an seiner Seite war, hätte ich mir gewünscht, dass so ein Buch unter ganz anderen Bedingungen entstanden wäre. Schon lange wollten wir Hrants Schriften in einem Band zusammenfassen und sie auf Türkisch und Armenisch und in weiteren Sprachen veröffentlichen. Ich hätte dann bei der Zusammenstellung mitgewirkt. Die Einführung zu schreiben, wäre anderen zugefallen, etwa den Spezialisten zu bestimmten Themen.

Es lässt sich kaum in Worte kleiden, was es heißt, vom Schreiben *mit Hrant Dink* zum Schreiben *über ihn* verflucht zu sein. Dass ich es trotzdem fertigbringe und hier über ihn schreibe, liegt nur daran, dass ich mich in der Pflicht fühle, und dieses Pflichtgefühl habe ich von ihm. In solchen Dingen war er unnachgiebig, ließ einen nicht in Ruhe; und so ist es auch jetzt.

Ich lege gewissermaßen Zeugnis ab und fühle mich gleich zweimal als Zeugin. Zum einen bin ich eine Frau, die Hrant noch vor der Gründung unserer Zeitung AGOS kennengelernt hat und elf Jahre mit ihm zusammen tätig war, und deshalb bin ich Zeuge für ihn. Und dann bin ich Zeuge dafür, wie das Arbeiten mit ihm und seine Arbeit das Leben eines Menschen neu gestalten konnte. Bei mir selbst lag das auch daran, dass ich in diesen Jahren noch relativ jung und in der persönlichen Entwicklung begriffen war. Doch Hrants Schaffen und seine Persönlichkeit forderten auch gestandene Leute heraus. Er wirkte in einer Zeit, die für die Armenier der Türkei und für das Land als Ganzes große Veränderungen mit sich brachte. Ich weiß nicht, ob ich das heute so klar ausdrücken könnte, wenn die Ermordung Hrants mich nicht so aus der Bahn geworfen und mich gezwungen hätte, alles aus der Distanz zu sehen.

Ich hoffe, dass es mir mit dieser kurzen Einführung gelingen wird, den Lesern dieses Buches, die Hrant nur über seine Texte kennenlernen können, zu zeigen, worauf es ihm stets ankam, damit auch sie zwischen den Zeilen lesen können. Die wenigen Sätze zu mir selbst und zu meiner Geschichte sind nur Hilfsmittel dafür, das Bild von Hrant noch deutlicher zu zeichnen. Anders, ganz ohne von mir selbst zu sprechen, unpersönlich kann ich nicht von ihm reden. Ich kann ihn nicht analysieren und distanziert beschreiben, das wäre künstlich und es gäbe einen falschen Zungenschlag. Und das wäre nicht im Sinne Hrants, für den Wahrhaftigkeit das Wichtigste im Leben war. Vielleicht liegt es daran, dass alle, die ihn näher kannten, ihn stets in Bezug darauf beschreiben, was er für sie bedeutet hat. Man konnte sich nur schlecht seinem Einfluss entziehen, er wurde schnell ein Teil von einem selbst.

Das alles war mir klar, als ich mich hinsetzte, um diesen Text zu schreiben, und doch blieb das Blatt vor mir lange leer. Was ich mit Hrant erlebt habe, nur einfach der Reihe nach zu erzählen, hätte mir nicht gereicht. Das Leben verläuft ja nicht so regelmäßig und geordnet, wie es der Ablauf der Zeit nahezulegen scheint. Besonders das Jahr nach dem Mord an Hrant hat die vorangegangenen elf Jahre irgendwie aufgefressen und die lange Zeit des ruhigen Zusammenarbeitens überlagert. So sind viele Erinnerungen jetzt fortgespült, verwischt von dieser Woge, welche in unser Leben brach und es aus seinen Fugen riss.

Die zweite Schwierigkeit liegt in den Adjektiven, die uns die Sprache zur Verfügung stellt und die immer klassifizieren. Er hat es nie gemocht, wenn man ihn in ein Schema presste. Ich schreibe deshalb nicht von Eigenschaften des Hrant Dink, sondern von seinen Dimensionen. Das sprachliche Mittel dazu ist der Genitiv, der nicht bestimmt, sondern nur in Beziehung setzt. Das passt zu ihm, hat er doch gern Begriffe, die uns allen bekannt und scheinbar selbstverständlich sind, so miteinander verbunden, dass wir sie mit neuen Augen sahen.

Hrants Sprache

Im Alltag sprach Hrant ›Anatolisch‹. Sein Stil war reich an Wendungen und warmherzig. Vor allen Dingen war er echt, so sehr, dass Schimpfwörter bei ihm schnell zu Kosenamen wurden und Höflichkeitsfloskeln eher abwertend wirkten. Diese Echtheit und Schnörkellosigkeit kennzeichnet selbst noch eher abstrakte Texte. Man fühlte sich oft sehr direkt angesprochen, denn Hrant wandte sich nie an die Masse, sondern immer an das Individuum. Das ist der Grund dafür, dass es bei ihm keine Parolen und keinen Aufruf zur Frontenbildung gibt. Im Gegensatz zu dem, was oft gesagt wird, beruhten seine politischen Aussagen nicht auf einer bestimmten Ideologie. Sein Denken war von einfachen, logischen Schlüssen geprägt. Die Bilder, die er benutzte, stammten oft aus der Zoologie, das Fach, das er neben Philosophie studiert hatte. So sagte er einmal, als er am Fernseher die Bombardierung des Iraks verfolgte: »Wenn junge Meeresschildkröten das erste Mal vom Brutplatz über den Strand zum Wasser laufen, sind sie den Vögeln schutzlos ausgesetzt. Geradeso ergeht es jetzt den Menschen im Irak.« Und wenn Vertreibung von Menschen Thema war, tauchten bei ihm Bilder vom hilflosen Kampf von Lebewesen auf, die ihrem natürlichen Umfeld entrissen und zum Verderben verurteilt waren.

Als Frau und Feministin musste einem Hrants Ausdrucksweise nicht immer gefallen. Seine Sprache war maskulin, relativ frei von *political correctness*, floss direkt aus dem Leben, und er lebte sein Leben nun einmal als ein Mann.

Parolen hasste er und hat sie gern mit fast kindlicher Logik so lange hin und her gewendet, bis ihre gähnende Leere sichtbar geworden ist. Dann goss er seinen Spott über sie aus. Oft stand der König deshalb ohne Kleider da.

Hrant schrieb erst dann über ein Thema, wenn er zuvor lange darüber nachgedacht hatte. Doch die Art, wie er schrieb, vermittelte oft das Gefühl, als sei ihm, was er schrieb, eben in diesem Moment eingefallen.

Fragen zu stellen, spielte in seinem Schreibstil eine zentrale Rolle. Wenn wir uns in der Redaktion in theoretische Diskussionen verstrickt hatten, stellte Hrant oft scheinbar harmlose Fragen und brachte uns damit gehörig durcheinander. Anderen, aber auch sich selbst, dauernd Fragen zu stellen, war für Hrant ein Schlüssel zur Erkenntnis. Wie nützlich solch ein Schlüssel ist, merke ich heute, da er mich nicht mehr jeden Tag aufs Neue fragt: »Was meinst du dazu, Karin?«

In der Zeitung brauchten keine Artikel mehr Korrekturen, Einschübe und Ergänzungen als die von Hrant Dink. Die erste

Version schrieb er gerade so, wie es aus ihm herausbrach und ohne Rücksicht auf die Tastatur. Dann dröhnte es von seinem Schreibtisch zu mir herüber: »Komm Karin, schau dir mal den Artikel an!«

Wenn ihm etwas auf die Nerven ging, war die erste Version seines Artikels oft nur die Niederschrift von Zorn. Ich sah mir den Erguss an, gab ihm das Blatt schweigend zurück. Oft setzten wir uns anschließend zusammen hin und brachten erst einmal Ordnung in unsere Köpfe.

Als ich bei AGOS anfing, war ich 23 Jahre alt, und meine ganze Erfahrung mit dem Schreiben bestand aus Kurzgeschichten. Vom Zeitungmachen hatte ich keine Ahnung, und Hrant erging es ähnlich. Wir wussten nichts von der Zeitungssprache und ihrer eigenen Rhetorik. Wir wussten nicht, wie Nachrichten beschafft und wie sie geschrieben werden. Wir dilettierten bei der Überschrift, beim Leitartikel und beim Kommentar. Im Lauf der Zeit wurde ich für das Redigieren von Hrants Beiträgen zuständig, und irgendwann habe ich festgestellt, dass unsere beiden Stile sich vermischten. Ich habe seine Streitlust of in vernünftige Bahnen gelenkt und er hat meiner Vernünftigkeit einen streitbaren Ton verliehen.

Ich weiß nicht mehr, wie oft ich für ihn übersetzte. Egal, ob unser Gast nur ein unbekannter Korrespondent war oder ein wichtiger Politiker – an einer Stelle des Gesprächs legte Hrant Dink unserem Gast stets seine Hand auf das Knie und drückte ihm so seinen Stempel auf. Niemand, der AGOS besuchte und mit Hrant sprach, ging kalt und unbeeindruckt. Die Überzeugungskraft von Hrant war es, die ihn für die einen wichtig und für die anderen gefährlich gemachte.

Hrants Stil wirkte am stärksten, wenn es um das Verhältnis von Türken und Armeniern ging. Er wollte, dass die Menschen beider Völker respektvoll miteinander umgingen und ohne Mittelsmänner miteinander sprachen, ob nun in der Türkei, in Armenien oder in der Diaspora. Und er machte es vor. Er zeigte, wie man offen von sich selbst reden und seine Gefühle äußern kann, wie man vernünftig Fragen formuliert, einfühlsame Antworten gibt und wie man dadurch eine Sprache schafft, die dem Nationalismus hier und dort das Wasser abgräbt. Damit ließ er vielleicht zum ersten Mal eine Ahnung davon aufkommen, dass es nicht ausreicht, die alten Reihen immer wieder nur neu zu schließen. Die Geschichte der Türken und Armenier gehört so eng zusammen, dass Türken und Armenier über eine gemeinsame Erinnerung verfügen sollten. Gemeinsamkeit zu suchen, das war für Hrant im besten Sinne ›anatolisch‹.

Hrants Welten

Hrant glaubte fest an das Leben, die menschliche Gestaltungskraft, an den Fortschritt und die Natur. Gleichzeitig war er Christ und glaubte, wenn auch sehr unabhängig von der Kirche, an Gott und seine Schöpfung. Er wuchs im protestantischen Milieu auf, doch er verteidigte – ihrer historischen Rolle wegen – die Armenisch-Apostolische Kirche. Als Linker hinterfragte er die Religion und blieb doch weiter gläubig.

Egal wo, er konnte sich schlecht integrieren. Seine Gestaltungskraft rührte auch daher, dass ihm Anpassung generell schwerfiel. Was er auch tat, Hrant schuf sich immer seine eigene Welt, denn die Modelle, die er vorfand, reichten ihm niemals aus. Als er mit seinen Brüdern einen Buchladen betrieb, verkaufte er nicht einfach nur Bücher. Er richtete ein zusätzliches Stockwerk mit Lehrbüchern und Nachschlagewerken ein, wo Schüler und Studenten Aufsätze schreiben konnten. Jahre vor dem Buchladen und vor der Zeitung AGOS hatte Hrant Dink mit seiner Frau Rakel die Leitung des armenischen Kindersommerlagers in Tuzla übernommen, das damals noch weit außerhalb der Stadt im Osten Istanbuls lag. Die beiden machten aus der Einöde ein wahres Paradies, und Hrant nannte das Lager nur ›Atlantis‹. Es sollte eine Insel für sich sein, eine neue Zivilisation.

Die erste Nummer von AGOS erschien am 5. April 1996. Damals glaubten nur wenige, das Experiment einer türkisch-armenischen Zeitung könne gelingen. Die Zeitung kam auch nur zustande, weil Hrant nach langen Diskussionen jeden Einwand beiseiteschob und sagte, er übernehme die Verantwortung. Die Ungeduld, die daraus sprach, war kennzeichnend für Hrant, der das Leben immer in vollen Zügen lebte.

17

Eine neue Zeitung braucht Zeit, um ihre Linie zu finden. So war es auch bei AGOS. Es gab für unsere Zeitung kein Modell, sondern nur selbst gesteckte Ziele. Ihr Name war und ist Programm. In Anatolien bezeichnete »agos« bei Türken und Armeniern die Ackerfurche, in die der Samen fällt, den Ort also, der später die Frucht trägt. Mit der Zeitung wollte Hrant Dink die Armenier erreichen, die ihre Muttersprache nicht mehr sprechen, und außerdem die Probleme der Armenier mit dem Staat öffentlich machen. Gleichzeitig sollen türkische Leser mehr von armenischer Geschichte und Kultur erfahren. AGOS schrieb für Demokratie in der Türkei, für Meinungsfreiheit und für die Mitgliedschaft des Landes im vereinten Europa. Und bald war es so weit, daß AGOS nicht nur berichtete, sondern selbst die Schlagzeilen bestimmte. Das waren Jahre voller Arbeit, und es war doch eine wunderbare Zeit. Hrant Dink lebte nach seiner eigenen Façon, und der einzige Preis, den er damals dafür zahlen musste, war der volle Terminkalender – ein Leben in NGOs, Stiftungen und der Zeitung.

»Warum ist AGOS nur so schön?«, fragte er einmal und beantwortete seine Frage gleich selbst. »Weil wir sie aus dem Nichts geschaffen haben!« Und wenn er morgens in das noch ungelüftete Büro kam, strahlte er oft übers ganze Gesicht: »Hier riecht es wieder sehr nach AGOS, nach Rauch, nach Asche und nach mir!«

Hrants Politikverständnis und sein Engagement

Hrant war niemals Mitglied einer politischen Partei, gleichzeitig jedoch spielte für ihn die Politik eine zentrale Rolle. So war es auch in AGOS, wo er Chefredakteur war. Hrant misstraute jeder Art von Herrschaft und Hierarchie und neigte immer dazu, Opposition zu sein. Egal, ob Stiftungsratswahlen in der Armenischen Gemeinde oder türkische Kommunalwahlen, bei jeder Wahl blühte er auf. Denn jede Wahl barg Hoffnung auf Veränderung in sich. Ihm reichte es auch nie, die eigene Stimme abzugeben, er machte sich stets für Alternativen stark. Als 1998 die Armenier in der Türkei einen neuen Patriarchen wählten, trugen Artikel und Aktionen von Hrant Dink maßgeblich dazu bei, dass das keine formale Wahl blieb, sondern ein lang vermisster Hauch von Solidarität und Wir-Gefühl durch die Gemeinde zog. Er warb für hohe Wahlbeteilung und für die Wahl von Leuten, die neue Wege gehen wollten. Bei Stiftungsratswahlen trat er sogar einmal mit einer eigenen Liste an. Er setzte sich für breite Partizipation und zivile Initiative ein. Bei Parlamentswahlen unterstützte Hrant niemals die bürgerlichen Armenier, die auf den Listen rechter Parteien als Feigenblätter dienten. Er warb für linke Kandidaten, egal ob Türken oder Armenier, die eine demokratische Minderheitenpolitik vertraten. Er schlug Breschen für junge Leute und Frauen in der Politik. Entsprechend fand ich mich auf zahllosen Sitzungen von NGOs, in der türkischen Frauenbewegung und in Fernsehdebatten wieder.

In den ersten Jahren von AGOS konzentrierte sich Hrant darauf, die Sorgen der Armenier mit dem Staat zur Sprache zu bringen, die Struktur der Armenischen Gemeinde in Istanbul kritisch zu durchleuchten und außerdem breiteren Schichten Informationen über armenisches Leben und armenische Kultur zu vermitteln. Er wurde in der ganzen Türkei bekannt, als er in einer Fernsehsendung mit einfachen Worten erzählte, wie die Behörden den armenischen Kindern ihr Sommerlager in Tuzla abgenommen haben, das sie sich selbst errichtet hatten. Dabei schämte er sich seiner Tränen nicht.

Am schwersten waren jene Tage, als staatliche Behörden die Armenier in der Türkei offen als Ausländer bezeichneten und türkisch-nationales Sentiment das Land zu überschwemmen drohte. Wenn ausländische Parlamente Armenier-Resolutionen berieten, und Vertreter der Europäischen Union das Recht der Minderheitenstiftungen auf die Verfügung über ihr Eigentum ansprachen, dann wurden wir regelmäßig zu ›Ausländern‹, und Hrant verdoppelte sein Engagement. In solchen Wochen verwandelte sich AGOS von einer Zeitung in ein Sprachrohr, das unsere zwei auf Messers Schneide stehenden Identitäten – Armenier und Staatsbürger der Türkei – noch deutlicher als sonst in alle Welt hinausrief.

Hrant selbst war öfter in Versammlungen als in der Zeitungsredaktion. Mit ihm sprachen Politiker und Bürokraten, Botschafter und einfache Bürger. Er wies keinen zurück, auch wenn er manchmal schon im Voraus wusste, dass alles längst gesagt war und er vorgeführt werden sollte. Als ihn die rechte Presse zum »Türkenfeind« erklärte, wurde sein Engagement zur Revolte. Er kämpfte mit allem, was er hatte – es ging um seine Ehre.

Wer seine Texte liest, sieht gleich, dass Hrant im guten Sinne ein Radikaler war. Oft schrieb er ungeschützt, sprach offen über Motive und Ziele und legte Alternativen dar. Die Texte erzählen davon, dass eine andere Welt möglich ist. Dabei verfügte Hrant über ein sehr feines politisches Gespür. Er merkte schnell, wenn aus der politischen Diskussion ein Machtkampf wurde und – oft unter der Oberfläche – andere Kräfte tätig wurden. Nicht um seiner selbst willen, sondern zur Sicherheit der anderen war er dann auch zum ›Nachgeben‹ und zum Schweigen bereit, sah ein, dass man sich manchmal eben fürchten und einen Schritt zurückgehen muss.

Auch die Armenier der Türkei bekamen von Hrants Radikalität den ihnen zustehenden Teil ab. Hrant achtete das Amt des Patriarchen, aber kritisierte den Inhaber. Er forderte, in weltlichen Dingen sollten die Armenier dem Oberhirten nicht wie eine Herde folgen, sondern als freie Mitglieder einer säkularen Gemeinde auftreten.

Doch für Hrants Radikalität braucht es keine Beispiele. Es reicht bereits, dass er sich als Armenier in alle Fragen dieses Landes eingemischt und Stellung bezogen hat. Doch Hrants Radikalität war Folge von Verantwortungsgefühl. Das galt selbst für einen seiner waghalsigsten Schritte: die Meldung über die möglichen armenischen Wurzeln von Atatürks Adoptivtochter Sabiha Gökçen. Auch hier glaubte Hrant Dink, dass er so und nicht anders handeln müsste. Er wollte mit dem Beispiel Sabiha Gökçens an jene Armenier erinnern, die damals um ihr Leben zu retten zum Islam übergetreten waren. Er wollte über das Schicksal dieser Leute sprechen, glaubte, das wäre seine Pflicht. Hätte er anders handeln können, wäre er heute noch am Leben.

Hrant als Armenier

Als ich Hrant zum ersten Mal begegnete fragte ich mich unwillkürlich: »Was ist denn das für ein Armenier?« In meiner Vorstellung waren Armenier Leute, denen es finanziell nicht schlecht ging, die sich von Politik fernhielten und nur privat Armenier waren. Hrant nannte sie »Schattenarmenier«. Die zwei Vorstellungen, die sich Türken in aller Regel von den Armeniern machen, passen genau zu diesem Bild. Die erste Vorstellung kann man romantisch nennen. Da tauchen Armenier als Leute auf, die gut kochen können, gute Handwerker und ordentliche Leute sind, und man findet es schade, dass es heute nur noch so wenige davon gibt. Das zweite Bild ist negativ. Danach sind Armenier geborene Verräter, die sich vom Ausland kaufen lassen. Hrant war der erste Armenier in meinem Leben, der sich nicht so versteckte, der zeigte, dass man in der Türkei als Armenier auch anders leben kann.

Mehr noch: Hrant war auch der erste von uns, der sich seiner Geschichte stellte. In der Türkei vermittelt keine Schule und keine Universität der armenischen Jugend auch nur eine Idee von der Geschichte dieses Volkes. Was man weiß, weiß man nur aus Erzählungen der älteren Generationen. Hrant befragte als erster systematisch ältere Leute der Gemeinde und las fast ohne Unterlass über armenische Geschichte.

Tatsächlich hatten sich die Armenier in der Türkei zurückgezogen wie Austern in die Schale. Sie taten das aus einem animalischen Instinkt, der befahl, sich zu schützen. Der Grund für die Ausbildung eines solchen Instinkts sind nicht nur die Ereignisse von 1915/1916, also vor rund hundert Jahren. Während des Zweiten Weltkriegs wurden 1946 mit Hilfe der sogenannten »Besitzsteuer« christliche und jüdische Geschäftsleute gezielt enteignet. Und im September 1955 nahm die damalige Regierung den Streit auf Zypern zum Anlass, in Istanbul den Mob auf die Geschäfte und Wohnungen der Minderheiten loszulassen. Die Minderheiten haben diese Botschaft nur allzu gut verstanden, die da heißt: »Das ist nicht euer Land!« Sie sind in Wellen ausgewandert.

Deshalb konnte Hrant sagen: »Seht, wir hatten uns doch so versteckt, was hat es uns genutzt?« Die Frage war die Antwort.

Hrant meinte, die Armenier müssten sich öffnen, mehr von sich selbst, ihrer Kultur und ihrem Leben zeigen und gleichzeitig viel stärker am Leben der Gesamtgesellschaft teilnehmen. Erst dann hätte die türkische Gesellschaft wirklich die Chance, Stellung zu beziehen.

Hrants Arbeit blieb nicht wirkungslos. Mancher ›Romantiker‹ hörte nun auf, die Armenier wie wertvolle osmanische Antiquitäten zu betrachten und stellte sich der Frage, wo dieses Volk geblieben war. Doch Hrant wollte nicht nur über die Geschichte von Türken und Armeniern reden, sondern auch über ihre Zukunft.

Für die Armenier der Diaspora dagegen waren die Armenier in der Türkei mundtot gemacht und eingeschüchtert worden und deshalb nicht wirklich Teil der armenischen Welt. Deshalb war Hrants Art, als Armenier in der Türkei zu leben, auch für sie herausfordernd und neu. Hrant nahm sowohl seine armenische Identität als auch seine türkische Staatsbürgerschaft ernst, und allein so stellte sich die Frage: »Wie mit den Türken umgehen?«, die vorher nur auf absoluten Gegensatz gegründet war, vollkommen neu. Hrants Antwort war: »Gemeinsamkeiten suchen!«

Vor Diskussionen und Auseinandersetzungen hat Hrant sich nie gedrückt, ist weder armenischen, noch türkischen Nationalisten aus dem Weg gegangen. Doch die Kampagne, die ihn als »Türkenfeind« hinstellte, und das Urteil des Kassationsgerichts, welches diese Schmähung amtlich bestätigte, machten ihn erstmals wehrlos. Er hatte sich um Frieden und Ausgleich bemüht und niemals eine seiner beiden Identitäten über die andere gestellt. Deshalb traf ihn diese Verleumdung gewissermaßen doppelt: als Bürger der Türkei und als Armenier. Ich konnte mir nicht helfen, doch als ich Hrant nach diesem Urteil weinen sah, da sah ich gleichzeitig das Bild von Jesus, den man, um ihn zu schmähen, »König der Juden nannte«. Und dieses Bild riss mich zu Boden.

Hrants Bindung an die Türkei

Der Bürger der Türkei Hrant Dink war nicht weniger engagiert als Hrant Dink, das Mitglied der Armenischen Gemeinde. Hrant bezog Stellung zu allen Fragen der Politik und da er als Armenier auch eine Art Blick von außen hatte, konnte er oft Entscheidendes beitragen. Er sprach über Kopftuch und Kurdenproblem, über die USA und die Europäische Union, über die Politik im Nahen Osten und im Kaukasus. Demokratie konnte für ihn nur im Lande und nur gemeinsam gestaltet werden.

Diese Haltung hat ihn davor zurückgehalten, sich in Europa oder anderswo über die Schwierigkeiten zu beklagen, die die Armenische Gemeinde in der Türkei hatte und hat. Diese Einstellung prägte auch seine Gespräche mit der armenischen Diaspora. Mit seiner Frage, »Was ist wichtiger, die Anerkennung des Völkermords oder die Demokratisierung der Türkei«, brachte er seine Haltung auf den Punkt.

Stärker noch gilt dies für seine Einstellung westlichen Staaten gegenüber. Ihre Vertreter drängten ihn oft, über Fragen der Minderheiten, der Meinungsfreiheit und den türkischen Umgang mit Geschichte zu reden. In diesen Fällen zog es Hrant in aller Regel vor, die Vertreter solcher Staaten an ihre eigene Verantwortung für die armenische Geschichte zu erinnern und von ihnen konkrete Schritte zu fordern, welche den Ausgleich zwischen der Republik Armenien und der Türkei erleichtern würden. Westlicher Druck auf die Türkei führte seiner Meinung nach nur zu einem Aufflammen des türkischen Nationalismus. Er setzte seine Hoffnung in die türkischen Demokraten.

Auch ich habe mich von dieser Hoffnung mitreißen lassen, so sehr, dass ich, als er mich eines Tages fragte, »Was meinst du, Karin, bringen sie mich um?«, nur abwinkte und sagte: »Soweit kommt es ganz sicher nicht. Die wollen keinen Star. Und außerdem können sie, was du sagst, für ihre Europapolitik gebrauchen.« Dass ich damals so reagierte, hatte gewiss auch damit zu tun, dass ich schon den Gedanken an einen Mord gar nicht ertragen hätte und auch damit, dass Hrant in diesem Augenblick, so eine Antwort gebraucht hat.

»Hallo ich bin Hrant Dink, man kennt mich als Fırat.« So meldete sich Hrant vor Jahren bei mir am Telefon. Ich kannte weder einen Hrant noch einen Fırat, wusste nicht, was er wollte und ließ ihn deshalb einfach weiterreden. Der Grund für seinen Anruf war nicht weniger absonderlich als der Einstieg in das Gespräch. Ich hatte einen Preis für meine Kurzgeschichten gewonnen, und Hrant rief an, um mir zu gratulieren. Er war ganz aus dem Häuschen und freute sich fast mehr als ich. Als er aufgelegt hatte, frage ich mich: »Was ist das für ein Mensch. So freut man sich doch nur bei seinen eigenen Kindern oder bei jemandem, den man schon viele Jahre kennt.«

Später wurde mir klar, dass auch, was dieses Pseudonym betraf, Hrant anders als andere Armenier war. Unter armenischen Geschäftsleuten ist es verbreitet, sich zur Förderung des Handels einen türkischen Namen zuzulegen. Hrant hatte andere Motive, lassen wir ihn erzählen:

»Wir, drei Freunde, wollten damals 1972 in der linken Bewegung, bei der Fraktion Tikko (marxistisch-leninistische Gruppe) aktiv werden. Es war die Zeit heißer Konflikte und wir wollten nicht, dass falls uns etwas passieren sollte, auch die Armenische Gemeinde Schwierigkeiten bekäme. Wir appellierten deshalb ans Gericht und ließen unsere Vornamen ändern. Aus Armenak wurde Orhan, aus Istepan Murat, und aus Hrant wurde Fırat. Doch nur Armenak, der später ermordet worden ist, ist Tikko wirklich beigetreten und hat es dort bis ins Zentralkomitee gebracht. Man kannte ihn als Orhan Bakır. Wir andern blieben Sympathisanten. Aus der Gemeinde hatten wir uns damals nur Sarkis Şahbaz anvertraut und ihm gesagt, man sollte ja nicht denken, wir wiesen unsere Identität zurück.«

Was lernen wir daraus? Zum einen, dass selbst die türkische Linke, die doch Opposition betrieb, es als normal ansah, dass junge linke Armenier unter Verleugnung ihrer Herkunft in ihre Reihen traten. Später hat Hrant das fehlende Bewusstsein der Linken in dieser Frage sehr deutlich kritisiert. Zum anderen zeigte es, dass Hrant schon als Jugendlicher Verantwortungsbewusstsein und einen Beschützerinstinkt besaß.

Hrants Individualität

Ich lernte Hrant in jener Phase kennen, in der er seine ganz eigene Rolle fand. Nach dem Telefonat, von dem ich schon erzählte, kam er mit einem riesigen Blumenstrauß zu meiner Preisverleihung. Die Augen leuchteten, die großen Hände zeichneten Kreise in die Luft und er erzählte von dem Projekt einer türkisch-armenischen Zeitung, für die er mich interviewen wollte.

Die Zeit verging, ich war längst interviewt, da trafen wir uns auf dem Empfang zur ersten Nummer der Zeitung wieder. Jetzt bestürmte mich Hrant, ich solle mitarbeiten. Ich wollte an der Universität bleiben und akademisch arbeiten. Doch Hrant wollte die Ablehnung partout nicht akzeptieren. »Komm nur, hier findest du eine neue Welt!« Die ersten beiden Monate lief ich wie eine Traumwandlerin durch die Redaktion, denn Hrants Tempo war ich nicht gewohnt. Er brachte mein ruhiges Leben vollkommen durcheinander. Mühelos sprang er zwischen Schreiben und Pferderennen hin und her, wechselte vom Streit zum Gelächter, war jeden Tag ein anderer. AGOS war keine Zeitungsredaktion, sondern erinnerte an eine Derwisch-Loge. Ein jeder kam und ging, täglich wurde die Arbeit neu verteilt

Ich saß auf einer Art Barhocker, schaute ihm zu, lernte mit dem Computer umzugehen und schrieb erste Artikel. Hrant hatte täglich neue Projekte im Kopf, und ich sprang von einem kalten Wasser ins nächste. Weil er so an mich glaubte, bekam ich eine Kolumne im armenischen Teil der Zeitung, ich, die ich nur Grundschularmenisch sprach. Bald war ich die Nachrichtenchefin, dann zuständig für die Kultur, und als einer ausschied, fand ich mich als Verantwortliche im Sinne des Presserechts wieder.

So etwas wie ein Nachwort

Wenn ich beschreiben soll, wie ich mir heute, nach über einem Jahr seit dem Tode Hrants vorkomme, fällt mir folgendes Bild ein. Ich fühle mich, wie die Angehörige einer Kultur, sagen wir der Uratäer, die es schon mehrere tausend Jahre nicht mehr gibt. Nur ich allein bin, wie auch immer, aus dieser Zeit in das Heute gelangt und stehe jetzt da, wo früher die uratäischen Tempel standen. Sicher, es gibt noch einige Ruinen, aber die Wirklichkeit spielt sich längst über einer Reihe von jüngeren Schichten ab, die mit mir nichts mehr zu tun haben.

So fassungslos wie jemand aus Uratu sich heute in Anatolien wiederfinden würde, so fassungslos stehe ich heute oft herum. Ich gehe beispielsweise in das alte Büro. Da ist kein Hrant mehr, der lächelnd die Arme ausbreitet und mich begrüßt, da steht, fast wie ein schlechter Witz, eine große Büste von ihm, die auch noch finster dreinblickt. Daneben jede Menge Bilder. Die Abbildung des blutigen Bürgersteigs und der weißen Tauben jagt mir eine Gänsehaut über den Rücken. Da wo Hrant früher wirkte, steht jetzt ein Haufen Hrant-Dink-Nippes aus jedem Material. Da gibt es Hrant als Kupferrelief, als Mosaik, als Bild, aus Buchstaben gezeichnet, in anatolischer Maltechnik, als Ölgemälde und so fort. Die Internetrecherche erbringt ein ganz ähnliches Ergebnis. Da gibt es Photos, und von vielen weiß ich, wann und wo sie aufgenommen worden sind, und dann natürlich diese Bilder vom Bürgersteig, von der Beerdigung und von Gedenkveranstaltungen. Fast scheint es mir, als würde das alles den Hrant, den wir gekannt haben, eher verdecken als ihn zeigen. Und uns, die wir ihn kannten, bleibt nur, ihn dadurch zu erhalten, dass wir in seinem Sinne leben.

Wie oft wir da gestanden haben, an jener Stelle, wo er später lag, das Bild ist überhaupt nicht zu ertragen. Die Zeit heilt diese Wunde nicht, sie stachelt mich nur an, das Bild von Hrant so klar in Kopf und Herz zu fassen, dass es niemand manipulieren kann. Ich strampele mich ab, mir diesen Menschen zu erhalten, der längst zum Gut aller geworden ist und zu dem heute fast jeder etwas sagen kann. Sein Photo blickt mir oft in Zeitungen entgegen, besonders dann, wenn wieder neue Infos darüber ans Licht kommen, wie viele amtliche Stellen wie genau gewusst haben, dass er ermordet werden würde und von wem. Mehr noch, je mehr ich diese kalte, weiße Büste in dem Zimmer sehe, desto mehr suche ich nach sinnvollen Beziehungen zu neuen Orten, neuen Menschen, die mich ihn fühlen lassen.

Aber warum? Was ich für meinen Seelenfrieden und meine innere Ruhe brauche, ist nicht Erinnerung an einen großen Toten, sondern die Anregung und die Inspiration, die mir Hrant Dink noch heute für mein Leben gibt.

Nicht nur sich selber hat Hrant gut gekannt, sondern auch die Leute, die um ihn herum waren. Er hat sehr schnell gesehen, was in mir und in anderen steckte, und uns dazu gebracht, stark an uns selbst zu glauben. Wir hatten uns daran gewöhnt, uns sehr viel zuzutrauen, solange jedenfalls, wie Hrant unter uns war. Ich bin mir sicher, alle, die seinen Drang sich einzumischen, am eigenen Leibe verspürt haben, kennen dieses Gefühl, dass man dadurch zu einem anderen wird. Auch darin war Hrant eine große Ausnahme: Er durfte sehr viel mit uns machen.

Hrant war im Alltagsleben, wie auf der nationalen und internationalen Bühne. So wie er sich mit Türken und Armeniern stritt, so stritt er sich mit uns. So wie er andere verletzen konnte und sie doch für sich einnahm, so war das auch mit uns. Am Ende gaben Aufrichtigkeit und Echtheit den Ausschlag. Ich glaube Hrants Aufrichtigkeit war auch der Grund dafür, dass nach dem Mord so viele Hunderttausende auf die Straße gegangen sind. Sie wehrten sich dagegen, dass ein so geradliniger Mensch so hinterhältig umgebracht worden war.

Hrants Leiche auf dem Bürgersteig. Für mich und die, die ihn persönlich kannten, war das zuallererst das, was von einem Menschen blieb, den wir von Herzen liebten. Doch für das Land verkörpert dieses Bild einen Schrei nach Gerechtigkeit. Ich denke mittlerweile, dass die Türkei keinen Schritt weiter kommt, ohne sich diesem Bild zu stellen. Ich selbst trenne seit diesem Tag die Menschen in jene, die über diesen Ort gehen können, als wäre nichts passiert, und jene, deren Schritt stockt und die zur Seite gehen.

I. Hrant Dink, Armenier und andere Nicht-Muslime

Die Botschaft der Engel   13. April 2001

Im Erdgeschoss der Protestantisch-Armenischen Kirche von Gedikpaşa [in Istanbul] befindet sich ein Waisenhaus. Dort bin ich
aufgewachsen und war deshalb bis zum Alter von 15 Jahren in
engster Berührung mit protestantischer Kultur. Die Einrichtung
hieß Joğvaran, doch für uns war sie kein Waisenhaus, sondern
ein Kindergarten und später eine Schule. Denn längst nicht alle,
die dort den Tag verbrachten, waren auch wirklich elternlos. Zwar
gab es auch Waisen, aber die meisten von uns waren damals Kinder, deren Eltern in Anatolien lebten, wo es für armenische Kinder keine Schule gab. Ein anderer Teil kam aus unvollständigen
Familien, sei es durch Trennung oder Tod. So war es auch bei
mir und meinen Brüdern. Unsere Eltern hatten sich getrennt
und wussten nicht wohin mit uns. Wer weiß, wo wir gelandet
wären, hätte es das Waisenhaus Joğvaran nicht gegeben.

Wer dort aufwuchs, konnte die Bibel auswendig. Ich wusste
aus dem Stegreif, wo welcher Vers der Bibel hingehört. Die Psalmen hatte ich vollständig im Kopf. Beim Psalmenwettsingen von
Badveli Madiros wurde ich einmal Erster und heute noch kann
ich mich an das Phosphor-Kreuz erinnern, das ich dafür erhielt.
Ich hatte es mir übers Bett gehängt und freute mich, wenn es in
der Nacht leuchtete. Die Psalmen habe ich nie vergessen, zum
Beispiel den: »Wer unter dem Schirm des Höchsten sitzt und
unter dem Schatten des Allmächtigen bleibt, der spricht zu dem
Herrn: Meine Zuversicht und meine Burg, mein Gott, auf den
ich hoffe …«[1]

Das ist der mit Nummer 91, er ist sehr lang, aber auf Armenisch konnte ich ihn ohne innezuhalten vortragen. Tatsächlich
wusste ich damals viel von der Religion und hätte schon als Kind
predigen können.

Wie sollte es auch anders sein? Kaum dämmerte der Tag, ging
es zur Morgenandacht, die wir Ardıvan Başdamunk nannten und
die circa 30 Minuten dauerte. Mittwochabends gingen wir immer

---

1   Psalm nach der Lutherbibel.

31

zur Messe in die Kirche, und auch die anderen Tage waren mit Andacht und Gebeten ausgefüllt. Mal hieß es: »Ein neuer Prediger ist da, auf in die Kirche!« und mal: »Heute spricht Bruder so und so, auf in die Kirche!« Sie fanden immer etwas, um uns in die Kirche zu bringen. Dreimal am Tag bekamen wir Essen und davor und danach wurde immer gebetet. Wir beteten zur Nacht und natürlich am Sonntag.

Wahrscheinlich wissen viele nicht, dass bei den Protestanten das Kirchenjahr nicht so strikt unterteilt ist und deshalb Sondergottesdienste jederzeit eingeschoben werden können.[1] Das sind oft keine vollständigen Messen, man könnte sie eher Versammlungen nennen. Wie sagt man sonst dazu, wenn einer unablässig redet und andere zuhören?

Sonntags begann die Morgenandacht erst um zehn Uhr und dauerte bis zwölf. Gleich nach dem Mittagessen war Giragnorya Tıbrots, die sogenannte Sonntagsschule. Dort gingen nur wir Kinder hin. Sie war lebhafter als die »Versammlungen«, wo doch immer nur einer sprach. Und selbst die Kirchenlieder machten uns da mehr Spaß, wir durften im Takt dazu klatschen.

Im Bibelunterricht ging man sehr auf uns Kinder ein. Bildergeschichten stellten das Leben Jesu dar; die Fische, Brot, die Speisung der 5 000. Das fesselte uns richtig.

Wenn ich in diesen Jahren in armenisch-gregorianische Kirchen ging, kamen sie mir wie prächtige Theatersäle vor. Wir gingen in der Regel zum Kerzenklauen hin. Was es da alles gab! Wir hörten ein Armenisch, das keiner von uns kannte. Die Wände waren mit Gemälden bedeckt, und vorne der prächtige Altar. Das war alles ganz anders als bei uns.

Der Kirchenraum in Joğvaran war schlicht. Dort standen nur das Predigerpult und außerdem mehrere Bankreihen. Und dann natürlich noch das Kreuz aus Holz, große Topfblumen waren der einzige Schmuck.

Nur an den Feiertagen brachten wir Kinder Leben in diese unscheinbare Kirche. Wir führten dann Passionsspiele auf Armenisch auf. Das machte uns viel Freude. Wir stellten Jesu Kreuz-

---

1 Protestanten stellen unter den Armeniern der Türkei nur eine kleine Minderheit; vgl. dazu: »Wie wenige wir mittlerweile sind!«.

weg dar, wie man ihn festnahm und vor Pilatus brachte. Wir spielten, wie man in quälte und ans Kreuz schlug und wie er wieder auferstand. Dafür probten wir tagelang.

Natürlich wollten alle Jesus spielen, aber das durften leider nur die Großen und die, die einflussreiche Eltern hatten. Keiner wollte der Judas sein. Und ich? Am liebsten spielte ich den Engel, der mit der frohen Botschaft von der Auferstehung kam. Sie banden mir zwei Flügel an die Oberarme und ich sagte aus ganzem Herzen: »He Frauen, was suchet ihr den Lebenden hier unter den Toten? Sehet, er ist schon auferstanden!«

Das ist zwar lange her und ich bin schon ein alter Esel, und doch, ich weiß nicht recht warum, fühle ich jede Ostern und auch immer am Weihnachtsfest wieder die gleiche freudige Erregung. Das ist nicht nur ein Rätsel, es ist wie ein Mysterium.

Wir lösen dieses Rätsel nicht und können deshalb an diesem Sonntag nur wieder einmal versuchen, etwas unschuldiger zu sein. Dann bringen auch wir die Botschaft, die der Engel bringt: »Krisdos Haryav i Merelots.«

Meine Empörung gleicht dem steilen Flug der Schwalbe
13. August 1999

Wir waren 13 Kinder. Eines Tages, am frühen Morgen, holten sie uns aus den Betten und ließen uns von Gedikpaşa nach Sirkeci laufen. Von dort ging's mit der Fähre weiter zum Bahnhof Haydarpaşa und mit dem Zug nach Tuzla.[1] Vom dortigen Bahnhof eine Stunde zu Fuß zu einem Flecken Erde, zwischen dem See von Tuzla und dem Meer gelegen, wo sich in jenen Tagen Fuchs und Hase gute Nacht sagten. In jenen Jahren war Tuzla keine Gegend, in der die Reichen und die Bürokraten ihre Villen hatten.[2] Der Strand war noch fast unberührt, das Meer noch sauber, genauso wie der See, der nur durch einen dünnen Landstreifen

---

1 Gedikpaşa ist ein Stadtteil Istanbuls auf der historischen Halbinsel. Sirkeci ist der europäische und Haydarpaşa der asiatische Bahnhof Istanbuls. Tuzla ist heute ein Stadtteil Istanbuls an der äußersten Stadtgrenze in Asien.
2 In den 1960er Jahren.

vom Meer, zu dem er einst gehört hatte, getrennt war. Außer ein, zwei Häusern, nur wenigen Olivenbäumen und Brombeersträuchern an den Gräben war Tuzla damals öd und leer. In dieser Ödnis standen jetzt unsere Rote-Halbmond-Zelte. Wir waren 13 Kinder im Alter zwischen acht und zwölf, und mit den Zelten ging für uns die Haft zu Ende, zu der uns bis dahin jeder Sommer in den grau betonierten Hof unseres Waisenhauses in Gedikpaşa verdammt hatte. In Tuzla dachten wir fortan nur nachts an unsere Angehörigen, wenn wir die fernen Lichter Istanbuls betrachteten, die schwach wie eine Menge müder Sterne blinkten.

Sofort begann das Lagerleben. Denkt bloß nicht, dass es eine reine Freude war. Wir waren dem Waisenhaus-Beton entflohen, um in eine Art Arbeitslager einzuziehen. In den ersten beiden Jahren war nichts in unserem Tagesablauf auf Kinder eingestellt, nicht einmal eine tägliche Spielstunde gab es. Das einzige Vergnügen war, wenn wir uns nach stundenlanger Schlepperei von Sand und Kies endlich in die Wellen warfen.

Vorher scharrten wir mit Pickeln und mit Schaufeln. Die Zeltpfosten mussten eingegraben werden, dann die Setzlinge der Pappeln und der Nadelbäume, die später zu Alleen wuchsen. Der Brunnen wurde ausgehoben, Wasser mit Muskelkraft heraufgepumpt und zum Gemüsegarten geleitet. Das erste Bauwerk war ein Hühnerstall, das zweite ein Stall für die Schafe. Im zweiten Jahr wurde die Grube für das Ferienheim ausgehoben. Meister Hasan erteilte die Anweisungen, wir waren seine Arbeiter, und nach drei Sommern stand das Ferienheim. Zakar, den wir nur Stoffel nannten, war einer unserer Kleinsten. Er schleppte den Zementeimer allein bis auf das Dach. So schufteten wir jeden Tag von morgens bis zum Abend und waren dann so fertig, dass wir vor lauter Müdigkeit im Schlaf in die Hosen machten.

Ich war acht Jahre alt, als ich zum ersten Mal nach Tuzla kam, und arbeitete dort genau zwanzig Jahre. Dort traf ich meine Frau Rakel, dort wuchsen wir zusammen auf, dort wurden wir getraut und dort kamen unsere Kinder auf die Welt. Doch nach dem 12. September 1980[1] sperrte man unseren Direktor ein. Er würde uns, so lautete der völlig unbegründete Vorwurf, zu militanten Arme-

---

1 Datum der bislang letzten gewaltsamen Machtergreifung durch das Militär.

niern machen. Dann wurde ich zusammen mit Freunden, die ebenfalls dort aufgewachsen waren, zu einem der Leiter unseres Waisenhauses.

Doch eines schönen Tages drückte man uns ein Urteil in die Hand: »Euch Minderheitenstiftungen ist der Erwerb von Immobilien untersagt, und die Genehmigung von damals ist hinfällig. Das Land [auf dem das Waisenhaus errichtet ist] fällt deshalb an seinen früheren Besitzer zurück.« Fünf Jahre lang führten wir einen Prozess nach dem anderen, dann waren wir besiegt. Denn unser Gegner war der Staat.

Ich klage an! Man hat uns aus der Musterstadt vertrieben, die wir uns selbst gebaut hatten. Man hat die Arbeit von 1 500 Kindern geraubt und uns unsere Insel, unser Atlantis, weggenommen. Das ›Waisenhaus für mittellose Kinder in Tuzla‹ ist heute ein Ruinenfeld. Das Haus steht schief und krumm, der Boden liegt ausgetrocknet, der Brunnen führt kein Wasser mehr, das Kinderlachen ist verschwunden und die Bäume sind zornig. Meine Empörung gleicht dem steilen Flug der Schwalbe, zu dem sie aufsteigt, wenn ihr Nest, das sie mit soviel Mühe gebaut hat, zerstört wird.

Tilili   10. Mai 1996

Über das Tilili sagt Rakel: »Es bricht aus uns heraus, entweder wenn wir über alle Maßen glücklich sind oder wenn wir um einen lieben Menschen trauern.[1] Es kann ein Ruf der Dankbarkeit, aber auch der Revolte sein. Tilili ist kein Schreien oder Weinen. Der Mund oder die Zunge spielen dabei so gut wie keine Rolle. Das Tilili kommt direkt aus unserem Herzen.«

Wenn ich ein Tilili höre, fällt mir immer sofort Rakels Mutter Bedro ein und mit ihr der armenische Clan Varto, der in der Provinz Mardin im Landkreis Silopi lebte.[2] Der Clan lebte dort in zwei Dörfern, die Dader und Hasana hießen. In beiden gab es

---

1 Rakel Dink ist Hrant Dinks Frau; Tilili, der hohe schnelle Ruf der Frauen des Nahen Ostens, z.B. bei der Totenklage.
2 Mardin, Stadt im Südosten der Türkei an der Grenze zu Syrien.

35

nur einige wenige Steinhäuser, aber dafür sehr viele Zelte aus schwarzem Ziegenhaar. Die Einwohner der beiden Dörfer waren fast alle miteinander verwandt. Sie sind Nachfahren von drei Großfamilien, die die Massaker von 1915 überlebt hatten und danach lange an den Hängen des Cudi-Berges lebten. Die drei Familien waren die Mala Miro, Mala Varto und Mala Murat, wobei »Mala« für »Familie« oder »Haushalt« steht. Das ganze Dorf sprach Kurdisch.

Zuerst brachten sie die Kinder nach Istanbul in die armenischen Schulheime. Dann zogen die ersten Familien nach, allen voran der Dorfführer Siyabent, dem die übrigen bald wie eine Herde dem Leithammel folgten.

Im Laufe der Jahre wuchsen die Heimkinder zu angesehenen Leuten heran, die ihre eigenen Geschäfte und Berufe hatten. Da wanderten Teile des Clans erneut in Richtung Westen: Jetzt ging es nach Europa. Erneut machte ihr Führer Siyabent den Anfang. Jetzt sind die früheren Zeltbewohner alle Europäer geworden, und das im Verlauf von nur 25 Jahren. Sie sprechen längst nicht mehr nur Kurdisch, sondern jetzt auch Armenisch, Türkisch und außerdem noch Englisch, Französisch oder Deutsch. Sie kleiden und benehmen sich jetzt anders, und nur die Alten blieben wie sie waren, allen voran Bedro, die Mutter Rakels.

Ich sagte schon, bei jedem Tilili fällt mir als erstes Bedro ein. Ich weiß noch heute, wie sie in unserem Jugendlager in Tuzla[1] einmal beim Tilili ganz außer sich geriet. Wir hatten uns zum Essen hingesetzt und sprachen ein Gebet. Der Patriarch Şırnok Sırpazan war gekommen, und als Bedro ihn sah, geriet sie ganz aus dem Häuschen. Sie stand sofort auf, trat direkt vor ihn hin, blickte ihm in die Augen, dann brach das Tilili aus ihr heraus. Uns Kindern war das furchtbar peinlich, doch unser Patriarch wartete geduldig, bis Bedro ihr Tilili-Gebet zu Ende gebracht hatte. Dann sagte er nur: »Amen!«

Heute bin ich mir sicher, der weise Mann hat nur allzu gut verstanden, dass sich in Bedros Tilili die Freude darüber ausdrück-

---

1 Zum Jugendlager Tuzla in der Nähe von Istanbul vgl.: »Meine Empörung gleicht dem steilen Flug der Schwalbe«.

36

te, dass sie nach einem Leben ohne geistigen Beistand jetzt am Fuß des Cudi-Berges vor dem Patriarchen stand.

Seit damals hat sich Bedro nur äußerlich verändert. Denn einen solchen Menschen ändert weder die neue Umgebung noch eine neue Sprache. Ich bin mir sicher, wenn ich sie jetzt anriefe, ertönte am Telefon erst ein höfliches »Oui«. Doch wenn ich sagen würde: »Bedro wir feiern heute 535 Jahre Gründung des Patriarchats in Istanbul, und weißt du, wer unter uns ist? Das Haupt unserer Kirche aus Edschmiazin!« Dann käme ganz gewiss sofort ein Tililililili.

Ferman am Ende seiner Kraft   *5. Mai 1998*

Mein guter alter Freund Seropyan erzählt gern eine Geschichte, die er wohl irgendwo gelesen hat. Eine ganz einfache Geschichte, die in den Tagen der Umsiedlung[1] spielte. Der Befehl zur Umsiedlung war gerade erlassen geworden, es herrschte heillose Aufregung, und jeder überlegte, was er mitnehmen sollte und was zurückgelassen werden müsse. Nur ein Greis jenes Dorfes, in welchem die Geschichte spielt, blieb ruhig und reparierte seinen Dreschpflug. »Mensch!«, sagten die anderen: »Wir müssen gehen, und du kümmerst dich um diesen alten Dreschpflug. Der muss doch sowieso hierbleiben!« Darauf sagte der alte Mann: »Und wenn schon! Wenn wir weg müssen, dann müssen wir eben weg! Doch das Korn ist gesät, und einer wird es ja wohl ernten. Da kommen sicher Leute, die dieses Korn auch dreschen. Sollen sie dann den Dreschpflug in diesem Zustand finden?«

Dieselbe Haltung wie dieser Greis vor 85 Jahren legte vor wenigen Tagen Samuel Kavafyan an den Tag. Die Universität Mimar Sinan[2] hatte das historische Bürgerhaus seiner Familie zum Thema ihrer Forschungen gemacht und zeichnete ihn aus, weil die Familie dieses Haus vorbildlich geschützt hatte.

---

1 Die Massaker an den Armeniern von 1915 werden in der Türkei als »Umsiedlung« der Armenier aus den im Ersten Weltkrieg umkämpften Gebieten bezeichnet.
2 Universität der Bildenden Künste in Istanbul.

Dabei hatte der Staat der Familie das Haus, das sie 250 Jahre lang bewohnte, längst abgenommen, und es ist jetzt im Besitz der Generaldirektion für die Stiftungen. Heute ist die Familie Kavafyan im eigenen Haus nur Mieter.

Am Tag der Ehrung in der Universität schlurfte der alte Samuel Kavafyan mit unsicheren Schritten, doch aufgeregt und stolz zum Rednerpult, war dankbar und bescheiden. Der Rektor der Universität sprach warmherzige Worte: »Wenn es bei Ihnen einmal durchs Dach regnen sollte, kommen Sie ruhig zu uns, wir haben immer Platz für Sie.« In seiner kurzen Ansprache sagte Kavafyan den Studenten: »Schaut euch nur an, wie trefflich unsere Vorfahren bauten, und versucht dann, sie noch zu übertreffen.«

[Ein anderes Beispiel für Arbeit ohne Eigennutz ist der Schriftsteller Vağtank Ananyan.] In sowjetischer Zeit hat Ananyan mit seinen Kurzgeschichten das Umweltbewusstsein von Jugendlichen und Erwachsenen nachhaltig beeinflusst. Eine Geschichte, die eine wahre Begebenheit erzählt, heißt »Hunans Weinberg« und spielt während des Zweiten Weltkriegs. In der Geschichte schreibt ihr Held Hunan Avedisyan an seinen Sohn Henzel: »Falls ich im Felde bleibe, musst du unseren Weinberg und unsere Kirschbäume pflegen.« Hunan kehrte nicht zurück, doch Weinberg und Garten wurden durch die Geschichte Ananyans berühmt. In Gedanken an den Umweltpionier wurden sie beide jahrzehntelang von Pfadfindern gepflegt.

Ganz ähnlich ist Ferman, ein guter Freund von mir, auch wenn uns einige Jahre trennen. Er hat ein Sommerhaus in Marmaraereğlisi,[1] direkt am Meer mit einem schönen Garten. Dort wachsen Tomaten, Pfefferschoten, Sonnenblumen und Mais, allein im ganzen Garten steht kein einziger Baum. »Du hättest wirklich ein paar Bäume pflanzen sollen«, sagte ich deshalb eines Tages vorwurfsvoll, und habe das sofort wieder bereut. Denn Ferman sagte darauf trotzig: »Ich pflanze keine Bäume mehr«, und fing an zu erzählen:

»Seit Adam und Eva bis 1938 lebten unsere Vorfahren im Kreis Mutki,[2] in der Provinz Bitlis. Wir waren 36 Familien und wohn-

---

1 Stadt in Ostthrazien am Marmara-Meer.
2 Stadt in Südostanatolien, westlich des Van-Sees.

ten in den Dörfern Kerkho und Kitoro, mit Weinbergen und Gärten. Von 1920 bis 1938 bombardierten sowohl Soldaten als auch Räuber[1] in jedem Jahr erneut unsere Weiden, sie wollten uns vertreiben. Stell dir das vor: 1915 ist uns überhaupt nichts passiert, und zwischen 1920 und 1938 wurde das ganze Dorf vertrieben.

Ich war damals zwei Jahre alt. Die Behörden schickten uns erst nach Çorum,[2] in den Bezirk Osmancık und schließlich in ein Dorf mit Namen Kızıltepe. Zehn Jahre hausten wir gleich neben einem Weizenlager. Dort verlor ich zwei meiner sechs Brüder. Neben dem Lager erstreckte sich nur freies Feld, darauf pflanzten wir eine tüchtige Anzahl Bäume.

Doch deren Obst konnten wir nur knapp drei Jahre essen, dann wurden wir nach Amasya[3] ins Dorf Gümüşhacı verpflanzt. Von dort ging es zwei Jahre später nach Ahlat, in das Dorf Soğurt und dann nach Siirt, in den Kreis Kurtalan, ins Dorf Kötibe Hirab.[4] Hirab steht für Harabe und heißt wörtlich »Ruinen«. Kötibe war früher ein Armenierdorf, im Jahre 1950 gab man uns dort 100 Dönüm Land.[5] Doch nur sechs Jahre später verbannte man uns von dort und wir kamen nach Diyarbakir und schließlich nach Istanbul.

Ich habe als Straßenhändler gearbeitet und 1972 konnte ich mir in Avcılar[6] ein Stückchen Land kaufen und ein Sommerhaus bauen. Dort hab ich 35 Bäume gepflanzt. Acht Jahre später, die Bäume standen im Saft, fielen die Nachbarn in den Garten ein und klauten, was sie konnten. Ich konnte mich nicht wehren und musste das Grundstück verkaufen. Jetzt bin ich hier. Wo ich auch war, habe ich Bäume gepflanzt, doch ihr Obst haben

---

1 1920 begann der türkische Unabhängigkeitskrieg, der bis 1923 dauerte. Danach setzte sehr bald eine Serie kurdischer Aufstände ein, der größte von ihnen der sogenannte Scheich-Said-Aufstand. Mit den »Räubern« sind in erster Linie kurdische Schwadrone gemeint.
2 Stadt im östlichen Zentralanatolien.
3 Östlich gelegene Nachbarstadt Çorums.
4 Ahlat: Kreisstadt an der Westküste des Van-Sees; Siirt: Stadt in Südostanatolien.
5 Ackermaß, 1210 qm.
6 Stadtteil an der westlichen Stadtgrenze Istanbuls.

immer die anderen gegessen. Ich pflanze keine Bäume mehr, nur noch Gemüse. Das bringt im selben Jahr Ertrag.« Da war ich doch enttäuscht von Ferman, dass seine Kraft zu Ende war. Auch wenn er Recht hatte, fand ich es nicht richtig, dass er so einfach aufgegeben hatte. Das passt doch nicht zu uns!

Der Toilettenchor   2. Februar 1997

Kürzlich wurde in einigen Istanbuler Bezirken an den Schulen ein Wettbewerb abgehalten, an dem auch ein paar Schulen der religiösen Minderheiten teilnahmen. In den Bezirken Şişli, Beyoğlu und Kadiköy haben die Unsrigen neben einem ersten Platz eine ganze Reihe Achtungserfolge erzielt. Worum es beim Wettbewerb ging? Um das Singen der Nationalhymne. Darin gehören unsere Kinder zu den Besten. Mich hat dieser harmlose Wettbewerb an ganz andere Dinge erinnert.

Gleich nach dem Staatsstreich vom 12. September 1980 wurden viele Leute der Reihe nach aus ihren Wohnungen geholt und in Sammelunterkünfte gepfercht. In Istanbul wurden einige Gruppen der Festgenommenen in den Bezirk Samandıra gebracht, wo man die Militärkaserne als Gefängnis nutzte. Selbst die Soldatentoiletten, die sich dort lang aneinanderreihen, jede kleiner als ein Quadratmeter, wurden genutzt und zu Einzelzellen umgemodelt. Die Abflusslöcher der [à la turque] Toiletten im Fußboden wurden mit Brettern zugedeckt. Auch mein Bruder und ich waren dort eingeschlossen. Ein paar Mal hatte man uns zum Verhör herausgeholt und kräftig beschenkt [geschlagen].

In den Zellen selbst waren wir Tag und Nacht psychologischer Folter ausgesetzt. Um uns am Schlaf zu hindern, mussten wir immer wieder Militärmärsche singen. Jede halbe Stunde schlugen die Wächter an die Tür und schrien: »Los Kerl, sing!«, meistens die Nationalhymne. So wollten sie uns wohl auf der Toilette Vaterlandsliebe eintrichtern. Wer nicht mitbrüllte, wurde zum Gotterbarmen durchgeprügelt. Wer ein paar Mal Schläge bezogen hatte, den ließen sie danach in Ruhe und wandten sich dann neuen Opfern zu.

Acht Tage waren schon vergangen, da wurde eine weitere Gruppe eingeliefert, auf die die Wachen sich mit einem Hurra stürzten. Es waren fast alles Armenier, die in die Nachbarzellen gesperrt wurden, das wurde an den Namen deutlich, die jetzt gerufen wurden. Viele von ihnen kannte ich. Mein Zellennachbar flüsterte mir durch die Tür zu, weshalb sie eingeliefert worden waren: für nichts und wieder nichts. Keinem einzigen wurden ernsthafte Dinge vorgeworfen. Man hatte einen jungen Mann zum [Theologie]Studium nach Jerusalem senden wollen. Der Junge wurde zusammen mit dem Priester, der ihn begleitete, am Flughafen verhaftet. Alle, die für den Lebensunterhalt des Jungen in Jerusalem gespendet und zu diesem Zweck Devisen besorgt hatten, wurden herbeigeschleppt. Vier, fünf Tage blieben sie eingesperrt, dann wurden sie entlassen, und nur den Priester hielten sie fest. Doch das eigentlich Interessante, das mir diese Tage ins Gedächtnis zurückruft, ist der Toilettenchor, der einsetzte, als man die armenische Gruppe brachte.

Denn manche von den Unseren (die Namen spielen hier gar keine Rolle) benahmen sich fast übereifrig. Kam ein Soldat näher, fragten sie gleich: »Sollen wir singen, Kommandant?« und fingen auch schon an. Die ganze Zeit davor war auf den Toiletten kein solcher Chor ertönt und hinterher wahrscheinlich auch nicht mehr. Ich schreibe das alles jetzt nicht, um unsere Leute bloßzustellen. Nicht sie sollen sich schämen, sondern diejenigen, die glaubten, sie müssten uns die Nationalhymne auf den Toiletten beibringen. Dabei zeigt das heutige gute Abschneiden unserer Kinder doch, dass so etwas nicht nötig ist.

Die Schwierigkeiten der Armenischen Gemeinde

Zur Information über die Lage der Minderheitenstiftungen[1]

19. Februar 1997

Als Einzelne (als natürliche Personen) genießen die Angehörigen der armenischen Minderheit in der Türkei die gleichen Rechte wie alle anderen Bürger, erfreuen sich wirtschaftlicher Freiheit, können Besitz erwerben, sind prinzipiell vor den Gesetzen gleich und genießen (in dem im Lande üblichen Ausmaß) den Schutz ihrer Menschenrechte. Doch für die armenischen Institutionen [juristische Personen] trifft das leider in dieser Form nicht immer zu. An erster Stelle in der Liste ihrer Schwierigkeiten steht die sogenannte »Erklärung aus dem Jahre 1936«.[2] Wir sehen es als unsere lange versäumte Pflicht an, darüber zu informieren, welche verheerende Auswirkung diese Erklärung für Stiftungen der Minderheiten hat.

1935 wurde ein neues Stiftungsgesetz erlassen, das die Nummer 2752 trägt [und 1936 in Kraft trat]. Dieses Gesetz ordnete an, dass die Verwalter aller Stiftungen der [religiösen] Minderheiten die Immobilien ihrer Stiftungen auf einer Liste aufführen und diese dem Generalstiftungsdirektorium vorlegen. Diese »Erklärung aus dem Jahre 1936« war damals nicht mehr als eine Auflistung [des augenblicklichen Besitzstands] und absolut nichts deutete zu jener Zeit darauf hin, dass diese Liste später als »Gründungsurkunde« der Stiftungen angesehen werden würde. Es war auch keine Rede davon, dass diese Stiftungen keine zusätzlichen Immobilien erwerben dürften. So etwas stand damals in keiner Weise zur Debatte.

Doch heute wird die »Erklärung aus dem Jahre 1936« vom Kassationsgerichtshof als Gründungsurkunde der Stiftungen betrachtet, die ihnen verwehrt, weitere Immobilien [im Grundbuch] eintragen zu lassen. Aber damit nicht genug; zusammen mit dem Schatzamt klagt das Generalstiftungsdirektorium ge-

---

1   Freie Übersetzung; Originaltitel: »Bilmeyenlere«
2   »36 Beyannamesi«

42

gen die Stiftungen, welche nach 1936 Immobilien erworben haben, enteignet sie und übereignet sie den früheren Besitzern.[1]

Auslöser [dieser Praxis] ist ein Urteil des Großen Rechtssenats des Kassationsgerichtshofs vom 8. Mai 1974. Die Richter des Senats hatten einstimmig beschlossen, dass Immobilien, die nicht in der Erklärung von 1936 enthalten sind, nicht als Eigentum der [griechisch-orthodoxen] Balıklı-Krankenhaus-Stiftung[2] im Grundbuch eingetragen werden können. Der Rechtsstreit zwischen den Verwaltern dieser Stiftung und dem Schatzamt hatte 1971 vor dem Dritten Friedensgericht [Amtsgericht] von Istanbul begonnen. Sein Urteil wurde zum Musterentscheid, auf welchen sich Schatzamt und Generalstiftungsdirektorium bei ihren Prozessen gegen Stiftungen der Minderheiten beriefen und führte dazu, dass die Prozesse zum Nachteil der Stiftungen endeten.

Dabei beruht dieses Urteil des Kassationsgerichtshofs auf einem groben juristischen Fehler. Denn es klassifiziert die Gemeinden der [religiösen] Minderheiten als »nicht-türkische«[3] Gemeinden, deren juristische Personen keine Immobilien erwerben können.

Im Urteil wird dazu Folgendes ausgeführt: »Juristische Personen, die von Nicht-Türken gegründet wurden, können keine Immobilien erwerben. Juristische Personen sind viel einflussreicher als natürliche Personen, weshalb der Verzicht auf die Begrenzung ihrer Möglichkeiten, Immobilien zu erwerben, den Staat mit einer Reihe von Gefahren konfrontieren und alle Arten von Schwierigkeiten heraufbeschwören könnte. Deshalb können ausländi-

---

1 Dieser Immobilienzuwachs der Minderheitenstiftungen ist so gut wie ausschließlich die Folge von Schenkungen von Gemeindemitgliedern, die meist keine Erben haben und ihr Vermögen der lokalen armenischen Kirche, Schule oder einer armenischen Sozialeinrichtung vermachen wollen. Da in diesen Fällen die Rückgabe an den früheren Besitzer nicht möglich ist, fällt das Vermögen der Staatskasse zu.

2 »Balıklı Rum Hastanesi Vakfı«

3 Nach der Verfassung ist »jeder, den das Band der Staatsbürgerschaft mit dem türkischen Staat verbindet, ›Türke‹«. Deshalb stellt die Klassifizierung der religiösen Minderheiten als »nichttürkisch« (Türk olmayanlar) die Staatsbürgerrechte der Minderheiten in Frage. Vgl. dazu das Kapitel »Staatsbürger zweiter Klasse«.

sche natürliche Personen, unter dem Vorbehalt der Gegenseitigkeit, per Erbschaft oder per Zukauf, Immobilen erwerben, [ausländische] juristische Personen jedoch nicht.«

Hier stellt sich doch die Frage: Sind die Stiftungen der Minderheiten »Stiftungen von Türken« [d.h. von türkischen Staatsbürgern] oder sind sie Stiftungen von Ausländern?

Die Stiftungen der Minderheiten sind natürlich hundertprozentig Stiftungen türkischer Staatsbürger, die nach den Vorschriften für juristische Personen des türkischen Zivilgesetzbuchs gegründet worden sind. Sie sind nicht mit Stiftungen von ausländischen Gemeinden in der Türkei gleichzusetzen, wie es der Große Rechtssenat des Kassationsgerichtshofs in dem genannten Urteil getan und ihnen als »Stiftungen von Nicht-Türken« das Recht auf Immobilienerwerb abgesprochen hat. Richtig ist, dass die Türkei beim Immobilienerwerb durch Ausländer das Prinzip der Gegenseitigkeit anwendet. Das kann jedoch keine Anwendung auf die Stiftungen der armenischen Minderheit finden, die ausschließlich aus türkischen Staatsbürgern besteht und immer nur aus türkischen Staatsbürgern bestanden hat, für diese Stiftungen können die Einschränkungen für Ausländer nicht gelten.

Einer der Fälle, in denen diese Ungerechtigkeit sich in der Presse niedergeschlagen hat, ist der Fall der Bomonti-Mıhtıryan-Schule. Auf dem genannten Wege wurden armenischen Stiftungen bis heute über dreißig Immobilien und Grundstücke entrissen und ihren ursprünglichen Besitzern überschrieben. Bis heute hat sich die Politik darauf beschränkt, der Justiz den Schwarzen Peter zuzuschieben und zu sagen: »Was kann man tun, in der Türkei ist die Justiz nun einmal unabhängig.« Das ist nicht akzeptabel, denn den politischen Willen vorausgesetzt, ist eine Lösung sicher möglich.

Ich mische mich normalerweise schon aus Prinzip nicht in Dinge ein, welche die Geistlichkeit betreffen, schon deshalb nicht, weil ich davon nicht allzu viel verstehe. Doch jetzt gibt es ein Thema, über das schon die landesweite Presse schreibt, das weitreichende Folgen hat und zu dem man nicht länger schweigen kann.

Es geht um die Ausbildung unserer Geistlichen, besser gesagt darum, dass wir keinerlei Möglichkeiten dazu haben. Es heißt, unser Herr Patriarch habe in Ankara den Vorschlag unterbreitet, dieses Problem im Rahmen der staatlichen Theologischen Fakultäten zu lösen und ein konkretes Programm vorgelegt. Und es heißt weiter, er sei damit bei der Regierung auf offene Ohren gestoßen.

Dieses Projekt sieht vor, dass an der Universität Istanbul ein Fachbereich eröffnet wird, welcher den Namen »Kultur der Weltreligionen« tragen soll. Er stünde nichtmuslimischen Studenten offen, die mit Abschluss des Studiums Priester werden könnten. Als Leiter dieses Fachbereichs soll Professor Zekeriya Beyaz vorgesehen sein, ein weithin bekannter MHPler.[1]

Was soll man davon halten? Die Führer der nichtmuslimischen Minderheiten sind bislang mehr als skeptisch. Selbst Patriarch Mesrob II. Matufyan, der Vater des Gedankens, will das so nicht gemeint haben.

Tatsächlich ist der Laizismus[2] bei uns noch immer ein Problem, ganz anders als in entwickelten Ländern. Denn dort sind der private und der öffentliche Raum relativ klar getrennt, bei uns ist das noch sehr verwischt und alles ist viel komplizierter.

Zwar muss man, um gerecht zu sein, zugeben, dass auch in der Türkei die Minderheiten ihren Glauben leben können. Als einzelner genießt jeder seine Religionsfreiheit und keiner fragt

---

1 Zekeriya Beyaz ist als sehr national denkender und staatsnaher Theologe bekannt. Er ist ein scharfer Kritiker sowohl liberaler als auch konservativer Kreise. Die MHP ist die extrem rechte »Partei der Nationalistischen Bewegung«.

2 Vgl. zur Hrant Dinks Einschätzung des türkischen Laizismus den Artikel: »Zum muslimischen Charakter der Türkei«.

ihn, warum er dieses oder jenes glaubt. Doch weder die Armenier können geistlichen Nachwuchs ausbilden, noch können das die Juden und die Griechisch-Orthodoxen.

Am 9. Januar schrieb ich in der Zeitung Yenibinyıl ausführlich über dieses Thema und will mich deshalb hier zitieren: »Bedeutet dieser Vorschlag nun, dass sich der Staat in das religiöse Leben einmischt, oder spricht aus ihm die Trennung von Staat und Religion? Anders gefragt: Kann das Problem nicht anders gelöst werden, als durch Intervention des Staates? Und: Hat man, als man dieses Modell erdacht hat, die Führer der Gemeinden konsultiert? Hat nicht jede Religion das Recht, ihren geistlichen Nachwuchs selber auszubilden? Braucht es für diese Ausbildung nicht auch ein ganz spezifisches und religiöses Umfeld? Kann die Theologische Fakultät ein solches Umfeld bieten? Wie glaubwürdig können muslimische Theologen bei diesem Thema sein, bei dem der Glaube eine zentrale Rolle spielt? Es geht doch um die Ausbildung von Geistlichen, wozu nicht nur Wissen gehört, sondern auch die Vermittlung des Geistes. Wie können denn Muslime christlichen Anwärtern auf geistliche Berufe einen christlichen Geist vermitteln? Und: Wirkt im Lichte dieser Fragen die Aussage von Professor Zekeriya Beyaz nicht doch ziemlich armselig, wenn er sagt: ›Wir wissen über das Christentum Bescheid und auch über das Judentum!‹«

Es ist wohl allerhöchste Zeit, dass unser Staat aufhört, seinen Bürgern zu misstrauen. Lasst die Gemeinden doch ihre eigenen Schulen bauen und ihre Geistlichkeit ausbilden. Daran geht die Türkei ganz sicher nicht zugrunde. Für den, der es vergessen hat, will ich noch einmal wiederholen: In unserer Kirche wird der Nachwuchs im Kloster ausgebildet. Als Kloster will sich die Fakultät doch wohl nicht präsentieren![1]

---

1 Das Problem der Ausbildung geistlichen Nachwuchses ist immer noch ungelöst. Vgl. dazu den Artikel »Was hat sich letztes Jahr geändert?«.

Heute, da es nur noch wenige sind, begegnen manche in der Türkei den Armeniern mit einer gewissen Nostalgie. Doch niemand weiß, wie viele wir noch sind, denn es gibt keine statistischen Quellen, und alle Aussagen sind geschätzt.

Bevor wir uns den türkischen Armeniern zuwenden erst einiges zur Anzahl der Armenier überhaupt. Etwa 7,5 bis acht Millionen Armenier gibt es heute auf der Welt. Bis vor kurzem lebten davon 3,5 Millionen in der Republik Armenien, 1,5 Millionen in Russland und den Staaten der ehemaligen Sowjetunion, eine halbe Million in den europäischen Ländern, 1,5 Millionen in den USA und circa eine Million im Mittleren und Fernen Osten. Heute jedoch ist die Einwohnerzahl von Armenien auf circa zwei Millionen gesunken, circa 1,5 Millionen Menschen dieses Landes sind wegen wirtschaftlicher Not ausgewandert und haben die Zahl der in der Diaspora lebenden vermehrt. Die Auswanderung der Armenier aus ihren angestammten Ländern hält also noch immer an. Kein Wunder, dass bei dem Wort Armenier vielen sofort die Worte Migration [und Diaspora] einfallen.

Über die Zahl der anatolischen Armenier im Osmanischen Reich herrscht keine Einigkeit. Türkische und armenische Quellen nennen vollkommen unterschiedliche Größen. Offizielle türkische Angaben gehen von 300 000 bis 1,2 Millionen aus, Quellen aus Drittländern sprechen von 1,5 bis 2,5 Millionen und armenische Quellen führen 2,5 bis 4 Millionen Armenier an.

Der Grund für diese große Differenz liegt darin, dass beide Seiten [die türkische und die armenische] sich über das Ausmaß der »Massaker von 1915« streiten. Während die türkische Seite die Bedeutung dessen, was damals geschah, abmildern möchte und deshalb die Zahl niedrig hält, möchte die armenische Seite die Massaker als »Völkermord« anerkannt wissen und setzt deshalb hartnäckig hohe Zahlen an.

Bisweilen wird behauptet, über eine Million Armenier hätten zu Beginn der Republik in der Türkei gelebt, doch liegt die Zahl derer, die sich damals als Armenier bekannt haben, nur bei etwa

---

1 Originaltitel: »Nüfus Halimiz«

300 000. Circa 130 000 von ihnen lebten in Istanbul und etwa 170 000 in verschiedenen Regionen Anatoliens. Heute jedoch geht man von nur noch 50 000 bis 80 000 Armeniern in der Türkei aus. Wir glauben, dass heute circa 60 000 in der Türkei leben, fast alle in Istanbul. Zwar ist auch diese Zahl geschätzt, doch steht sie im Einklang mit den Wählerregistern [der armenischen Stiftungen], den Taufregistern und den Eintragungen der [armenischen] Schulen.

Bis 1965 wurde in der Republik Türkei bei den Volkszählungen auch die [sprachliche und religiöse] Identität erfragt. So betrug 1965 die Zahl der Armenier circa 70 000. Seit dieser Zeit machten weder der Staat noch die Gemeinden neuere Angaben. Nur 1983 hatte der damalige Ministerpräsident [Turgut] Özal im Zuge einer Erklärung zur ASALA[1] von 86 000 Armeniern in der Türkei gesprochen und sich dabei vermutlich auf Informationen des Statistischen Amtes bezogen, jedoch keine Quelle genannt. Im Lichte aller dieser Anhaltspunkte lässt sich sagen, dass heute, da die Bevölkerung der Türkei bei über 65 Millionen liegt, die Zahl der Armenier auf unter 80 000 gesunken ist.[2]

Von Beginn der Republik bis heute hält die Wanderungsbewegung der Armenier von Anatolien nach Istanbul und von Istanbul in die westlichen Länder an. Zu den Gründen für diese Westmigration gehört ganz sicher auch die rapide Verstädterung des Landes,[3] doch die hauptsächliche Rolle [für die Konzentration auf Istanbul] spielen andere Dinge, etwa die Hilfskampagne des Istanbuler armenischen Patriarchats für die mittellosen Armenier Anatoliens, die Tatsache, dass in es in Anatolien keine funktionierende armenische Schule mehr gab und daneben die sogenannte »Besitzsteuer« und die »Ereignisse vom 6. und 7. Septem-

---

1 Armenian Secret Army for the Liberation of Armenia, eine Terrororganisation, die Anfang der 1970er Jahre begann, Anschläge auf türkische Diplomaten auszuführen, denen über dreißig Menschen zum Opfer fielen.
2 Bei Gründung der Republik 1923 hatte die Türkei circa 10 Millionen Einwohner, heute, 2008, liegt die Bevölkerungszahl nach offiziellen Angaben bei über 70 Millionen.
3 Bei Gründung der Republik lebten vier Prozent der Bevölkerung in Städten, 1950 sechs, 1990 33 und 2008 über 70 Prozent.

ber«.[1] Unter dem 81. Patriarchen Karekin Khaçaduryan bemühten sich die Istanbuler Armenier in den 1950er Jahren darum, in Anatolien verbliebene Armenier aufzuspüren und sie nach Istanbul zu bringen. Der Mönch Sahak durchstreifte damals ganz Mittel- und Ostanatolien und brachte armenische Kinder von dort in das armenische Priesterseminar Tıbrevank, das heutige Gymnasium vom Heiligen Kreuz.[2] Bald folgten die Familien ihren Kindern, ein Trend, der auch unter dem 82. Patriarchen Şınorhk Kalustyan anhielt. Aus den Städten und Regionen von Bitlis, Sasun,[3] Diyarbakir, Siirt und Mardin, aus Tokat, aus Sivas, Kayseri, Malatya und Erzurum kamen damals relative große Gruppen.

Die anatolischen Armenier ließen sich damals in Istanbul besonders im Stadtteil Mahmutpaşa nieder, wurden zu Handwerkern und Kleingewerbetreibenden und bestimmen heute das Profil der Istanbuler Armenier, welches sich dadurch gründlich verändert hat. Die alteingesessenen Armenier Istanbuls, die von den Deportationen des Jahres 1915 unberührt geblieben waren – was heute eines der Hauptargumente der offiziellen Geschichtsthese der Türkei in der Armenierfrage ist – sind im Laufe der Zeit zum großen Teil nach Europa und in die USA ausgewandert, so dass die heute in Istanbul lebenden Armenier größtenteils anatolische Wurzeln haben.

In Istanbul haben sich Armenier eigentlich immer in bestimmten Stadtteilen konzentriert. Wenn sich diese Stadtteile im Laufe

---

1 Die »Besitzsteuer« (Varlık Vergisi) wurde in den Jahren des Zweiten Weltkriegs erhoben, um – so die offizielle Begründung – ›Kriegsgewinnler‹ zu besteuern. In der Praxis jedoch führte diese Sondersteuer zur Enteignung des nichtmuslimischen Bürgertums besonders in Istanbul. Mit den »Ereignissen vom 6. und 7. September« (6-7 Eylül Olayları) sind von der damaligen Regierung unter der Hand initiierte Ausschreitungen gegen die Geschäfte nichtmuslimischer Inhaber im Herzen Istanbuls im Jahre 1955 gemeint, die zur Massenabwanderung der Istanbuler Griechen geführt haben.
2 Das Priesterseminar wurde in den 1970er Jahren von den Behörden geschlossen. Der armenisch-türkische Namen des Gymnasiums: Surp Haç Ermeni Lisesi.
3 Region in Norden der heutigen Provinz Batman im Südosten der Türkei.

der Zeit auch änderten – die Tendenz zur Konzentration hält an. Sie ist durch das Bestreben motiviert, die eigene kulturelle Identität zu schützen, was zu einer nach außen relativ abgeschlossenen Lebensweise führt. Früher waren Samatya und Ortaköy die Viertel, in denen viele Armenier wohnten, und ganz besonders Kumkapı. Doch dadurch, dass sich Berufsorientierungen und Berufe geändert haben, leben heute nur noch circa 2 000 Armenier in Kumkapı, und neue Konzentrationen entstanden in Feriköy und Kurtuluş, in Nişantaşı und Bakırköy sowie in Yeşilköy.

Auch Kadiköy, die Prinzeninseln, die Stadtteile am Bosporus sowie Ulus und Etiler werden als Stadtteile genannt, in denen sich Armenier niederlassen. Die Istanbuler Armenier gehören heute zum großen Teil den Mittelschichten an, und nur sehr wenige leben in den [eher ärmeren] städtischen Randgebieten. In Istanbul hat die armenische Gemeinschaft noch 18 Schulen und 35 Kirchen.

An den armenischen Schulen lernen heute etwa 4 000 Schüler. Wahrscheinlich gehen etwa genauso viele in staatliche und private Schulen [die allen offen stehen]. Jede Kirchengemeinde besitzt ihr eigenes Wahlregister. Die Wahl- und Taufregister beim Patriarchat bilden die wichtigsten Informationsquellen über die Gemeinschaft. Die Daten des Patriarchats und seine Stellungnahmen zeigen, dass die Taufzahlen stetig ab- und die gemischten Ehen stetig zunehmen. Das führt zu einem Schwinden der Gemeinde, gleichzeitig ging jedoch die Auswanderungstendenz in den letzten 20 Jahren spürbar zurück.[1] Der Rückgang durch Auswanderung ist so vielleicht gestoppt, doch die Assimilation hat sichtbar zugenommen. Wir wissen außerdem gar nicht, wie viele von den Ausgewanderten ihre türkische Staatsbürgerschaft beibehalten haben. Es gibt dazu keinerlei Untersuchungen.

In Anatolien leben heute fast keine Armenier mehr. In den alten Zentren wie Sivas, Kayseri, Malatya, Elazığ, Siirt und Diyarbakir gibt es nur noch ganz wenige Familien. Das einzige arme-

---

1 Das ist heute, nach dem Mord an Hrant Dink, wieder anders. In einer internen Umfrage haben 2007 fast 53 Prozent der Teilnehmer angegeben, dass sie die Türkei verlassen würden, wenn sich ihnen die Möglichkeit böte, im Ausland einen Wohnsitz zu nehmen.

nische Dorf, das noch besteht, liegt an den Hängen des Samandağ und heißt Vakıflıköy.[1] In ihm leben ausschließlich Armenier, in den Sommermonaten ist das Dorf circa 300 Seelen stark.

Neben denen, die sich selbst als Armenier bezeichnen, sind noch zwei andere Gruppen zu nennen. Die erste nennt man Hemşinliler[2] und lebt an der türkischen Ostküste des Schwarzen Meers. Wir sind nicht in der Lage, über die Herkunft der Gruppe gesicherte Angaben zu machen und reden hier nur über ihre Sprache. Die Sprache der Hemşinliler ist armenischen Ursprungs, so etwas wie ein armenischer Schwarzmeerdialekt, der sehr schnell gesprochen wird, in dem bisweilen Buchstaben verschluckt und manchmal ihre Stellung im Wort geändert werden. Wer gut Armenisch spricht, kann sich mit den Sprechern dieses Dialektes leicht verständigen. Erst in neuester Zeit werden in der Türkei überhaupt Untersuchungen über die Hemşinliler durchgeführt. Eine wichtige Quelle ist das Buch »Das Geheimnis von Hemşin«,[3] eine Übersetzung aus dem Armenischen, die im Belge-Verlag erschienen ist und Auskunft über die Geschichte dieser Gruppe gibt.

Die zweite Gruppe, die nicht vergessen werden soll, sind die sogenannten Dönme oder Konvertiten. Während der Deportationen der Armenier aus fast allen Teilen Anatoliens wurden Jungen unter 14 Jahren sowie Mädchen und Frauen jeden Alters durch Übertritt zum Islam und durch Verheiratung zu Türken und Muslimen. Dies war in aller Regel der einzige Weg den Deportationen zu entkommen. Für die in alle Welt zerstreuten Armenier sind diese Konvertierungen trotz der vergangenen Zeit noch immer eine offene Wunde. Die Schicksale der Konvertiten, die sich in Anzeigen niederschlagen, welche besonders in der armenischen Presse von Istanbul mit dem Ziel veröffentlicht werden, die damals verloren gegangenen Brüder und Schwestern wiederzufinden, bergen jedes für sich Stoff für einen ganzen Roman. Es ist bekannt, dass sehr viele gutherzige Türken, Kurden und Alewi-

---

1   Der Samandağ liegt in der Provinz Hatay nahe der syrischen Grenze, Vakıflıköy heißt Stiftungsdorf. Dieser Berg ist durch den Roman von Franz Werfel mit dem Titel »Die vierzig Tage des Musa Dag« bekanntgeworden.
2   Die Leute aus Hemşin, die Gegend um die Stadt Rize.
3   Im Original: »Hemşin Gizemi«

ten sich der Kinder ihrer armenischen Nachbarn mit der Absicht angenommen haben, sie bis zur Rückkehr ihrer Eltern zu versorgen. Doch eine Rückkehr gab es nicht, und die Kinder wurden schließlich auch offiziell zu Mitgliedern ihrer neuen Familie. Sehr oft wird erzählt, dass als Vater dieser Kinder »Abdullah« eingetragen wurde, was Diener Gottes heißt, wie man oft Leute nennt, die von woanders herkommen. In der Regel wurden diese Personen sehr gut behandelt und ihre Herkunft kam niemals zur Sprache. Gerade Frauen wurden im Alter oft zu Mustergroßmüttern dieser Familien und von allen geachtet. »Da zeigt sich wieder die armenische Ader«, ist in diesem Zusammenhang ein oft gehörter Ausspruch.

Ganz anders ist es im offiziellen Sprachgebrauch, wo Personen mit armenischen Wurzeln vom politischen Gegner als »Armenierbrut« beschimpft werden. Dafür gibt es zahlreiche Beispiele. Über die Konvertiten existiert keine einzige wissenschaftliche Veröffentlichung, und über ihre Zahl kann man nur spekulieren.

Was ich hier aufgeschrieben habe, erhebt keinen Anspruch darauf, wissenschaftlich oder vollständig zu sein. Es ist Ergebnis dessen, was ich täglich erlebe und notgedrungen Stückwerk. Man könnte deshalb fragen: »Warum hast du das überhaupt veröffentlicht?« Die Antwort ist ganz einfach: Um das nostalgische Interesse an den Armeniern in ein demokratisches Interesse zu verwandeln.

Was hat sich letztes Jahr geändert?   *27. Juni 2003*

Auf ihrem Weg in die Europäische Union ist die Türkei in einer sehr kritischen Phase, hektische Aktivität nimmt zu.[1] Berichterstatter der EU arbeiten am »Fortschrittsbericht«. Die Türkei verabschiedet Reformpakete, um die Versprechen zu erfüllen, die sie im »Nationalen Programm« gemacht hat. Die Minderheiten

---

1 Zur Erinnerung: Eineinhalb Jahre später, im Dezember 2004, wurde förmlich festgeschrieben, dass die Türkei die politischen Kriterien für die Eröffnung von Beitrittsverhandlungen mit der EU hinreichend erfüllt hat. Am 3.10. 2005 wurden die Beitrittsgespräche dann offiziell eröffnet. Der EU-Kandidatenstatus war der Türkei bereits im Dezember 1999 beim Europäischen Rat in Helsinki verliehen worden.

stehen im Zentrum des Interesses, und kaum ein Tag vergeht, an dem nicht eine europäische Delegation oder ein Botschaftsmitarbeiter an unsere Türe klopft. Jetzt kommen auch noch die Mitglieder der »Menschenrechtskommission des [türkischen] Parlaments«, um die Lage der Minderheiten aus erster Hand zu hören. Wir reden uns den Mund fusselig, erklären noch einmal, was wir schon tausendmal erklärt haben.

Doch was hat sich wirklich geändert? Wir wollen dies jetzt jedes Jahr in einem Überblick darstellen. Dies ist die Lage der Armenier im Monat Juni des Jahres 2003:

1. Eintragung von Immobilien im Grundbuchamt
   Obwohl das Parlament im August 2002 im damaligen Reformpaket die gesetzlichen Voraussetzungen dafür geschaffen hat, dass Immobilien eingetragen werden können, ist das Problem noch nicht gelöst. Gesetzlich erhielten die Stiftungen der Minderheiten in zwei Bereichen neue Rechte.

1.1. Zum einen können sie jetzt Immobilien, welche faktisch in ihrem Besitz sind, innerhalb von sechs Monaten ins Grundbuch eintragen lassen. Innerhalb dieser Frist haben die armenischen Stiftungen 344 Anträge gestellt. 149 wurden sofort zurückgewiesen, 140 dagegen angenommen und weitere Unterlagen angefordert. In keinem dieser Fälle kam es bisher zur Eintragung.[1]
   Diese gesetzliche Neuregelung ist deshalb bisher praktisch folgenlos. Ursache sind EU-Gegner in der Bürokratie, die sich gegen ihre Ausführung sträuben. Die Bürokratie hat erst Erlasse ausgearbeitet, die den neuen Regelungen widersprechen, hat diese dann, auf Einspruch hin, nur sehr schleppend geändert und verzögert jetzt, wo sie nur kann, Entscheidungen über die Anträge.

1.2. Zum Zweiten können die Stiftungen jetzt neue Schenkungen annehmen und auch eintragen lassen. Keine armenische Stiftung hat bisher einen solchen Antrag gestellt.

---

1 Noch im Oktober 2007 waren – je nach Berechnung – nur 15,6 Prozent bzw. 21,86 der gestellten Anträge positiv entschieden worden. Baskın Oran: Vakıflar Yasası (Stiftungsgesetz), Serie in der Zeitung Radikal vom 7. bis 9. Februar 2008, hier Ausgabe vom 7.2. 2008.

Hinzukommt, dass diese Regelungen zwar neue Rechte gewähren, rechtswidrige Enteignungen jedoch nicht in ihren Geltungsbereich fallen. In den letzten dreißig Jahren wurden allein den armenischen Stiftungen circa dreißig Grundstücke per Gerichtsbeschluss abgenommen – mit Hinweis auf die »Erklärung von 1936«. 95 Prozent der enteigneten Immobilien sind beim Staat gelandet, nur fünf Prozent wurden den alten Eigentümern überschrieben. In allen diesen Fällen hat sich bis jetzt überhaupt nichts bewegt. Wir fordern, dass der Staat die Immobilien zurückgibt und für diejenigen, die er an Dritte verkauft hat, gilt es Entschädigung zu zahlen.

2. Wahl der Stiftungsvorstände

Die Stiftungsleitungen, welche die Kirchen und Schulen verwalten, werden von den Einwohnern des jeweiligen Stadtbezirks gewählt. Wer umzieht und seinen Wohnsitz aus dem entsprechenden Bezirk hinausverlegt, verliert das Wahlrecht für seine Stiftung. Das führt dazu, dass entweder Wahlen nicht abgehalten werden können und Kirchen und Schulen geschlossen werden, oder dass Leute gewählt werden, die dieser Aufgabe nicht gewachsen sind. Zwar hat das Innenministerium eine Sonderregelung für jene Fälle angeboten, in denen aufgrund des Fortzugs von Armeniern aus dem entsprechenden Bezirk die Wahlen unterbleiben.[1] Die Anträge dafür hat es jedoch zeitlich befristet. Zu spät eingereichte Anträge hat es abgelehnt.

Dieses System[2] steht quer zum sonstigen Wahlrecht in der Türkei [das weder für andere Stiftungen noch z.B. für die Abgeordnetenwahl eine räumliche Begrenzung für die Kandidaten kennt] und sollte so geändert werden, dass es zumindest die Provinz Istanbul umfasst.

3. Der Status des Gymnasiums vom Heiligen Kreuz[3]

Der Status dieses Gymnasiums in Üsküdar ist seit nunmehr zwanzig Jahren umstritten, und diese Angelegenheit beunruhigt die gesamte armenische Gemeinde. Die Grundschule vom

---

1 Vgl. dazu: »Wie wenige wir mittlerweile sind«.
2 Dieses System wurde nach dem Putsch von 1960 eingeführt.
3 »Surp Haç Ermeni Lisesi oder Tıbrevank«

Heiligen Kreuz wurde 1938 geschlossen und an ihrer Stelle ein Priesterseminar eröffnet. Später wurde das Seminar in ein Gymnasium umgewandelt.[1] Seit zwanzig Jahren verhindern die Behörden, dass die Leitung dieser Schule gewählt wird und drohen ihren Absolventen, welche die Leitung übernommen haben, sie vor Gericht zu zerren. Jetzt will der Staat uns das Gebäude abnehmen. Das Verfahren dafür begann am 20. März dieses Jahres.

Dabei ist der Status unseres Gymnasiums klar: Die Einrichtung gehört der Kirchenstiftung vom Heiligen Kreuz und unterliegt auch deren Leitung. Die Regierung muss nur die Übernahme der Leitung absegnen und die Schulimmobilien auch amtlich der Stiftung zuschreiben. Doch die Bürokraten ziehen es vor, die Sache ungelöst zu lassen.

4. Die Amtsenthebung der Schulleitung der Karagözyan-Schule
Generell können Stiftungsvorstände nur per Gerichtsbeschluss ihres Amtes enthoben werden. Allein bei Stiftungen der Minderheiten reicht dafür die Entscheidung des Generalstiftungsdirektoriums aus. Gerade in diesem Monat hat das Direktorium den Vorstand der Karagözyan-Schule seines Amtes enthoben, obwohl dafür kein Grund vorlag. Wir fordern, dass unsere Stiftungen nicht anders als die anderen behandelt werden und ihre Vorstände nur per Gerichtsbeschluss des Amtes enthoben werden können.

5. Probleme im Bildungswesen
5.1. Die Vorrangstellung des »Stellvertretenden Direktors«
Nur in den Minderheitenschulen ist der stellvertretende Direktor der Vorgesetze seines Direktors. Das liegt daran, dass der Direktor in der Regel Armenier ist. Die Schulleitung wählt ihn und das Erziehungsministerium segnet diese Wahl in der Regel ab. Der Stellvertreter des Direktors [ist immer muslimischer Türke] und wird direkt vom Erziehungsministerium

---

1   Nach dem Staatstreich von 1971 wurden nichtstaatliche höhere Lehranstalten und Universitäten wegen vorausgegangener Studentenunruhen verboten und mit dieser Begründung auch die Priesterseminare von Tıbrevank und auf Heyebeliada geschlossen. Vgl. zum griechisch-orthodoxen Priesterseminar auf Heybeliada (Halki): »Los, stürmen wir das Kloster«.

ernannt.[1] Beide Direktoren sind jedoch türkische Staatsbürger und deshalb müsste der Direktor Vorgesetzter des stellvertretenden Direktors sein. Wir fordern deshalb, dass der entsprechende Erlass nun endlich aufgehoben wird.

5.2. Anmeldung und Einschreibung der Schüler

Um ihre Kinder an unseren Schulen anmelden zu können, müssen armenische Eltern für jedes Schuljahr neu belegen, dass ihre Kinder armenischer Abstammung sind und dafür Auszüge aus dem Einwohnermeldeamt vorlegen. Der Staat fordert dies nur bei Schulen der Minderheiten, weshalb diese Praxis diskriminierend ist. Mehr noch, bei Kindern aus gemischten Ehen akzeptieren die Inspektoren des Ministeriums die Anmeldung nur, wenn der Vater Armenier ist. Das ist eine Herabsetzung der Frauen und widerspricht darüberhinaus dem neuen türkischen Zivilgesetzbuch (BGB), das beiden Eltern zu gleichen Teilen das Sorgerecht zuspricht. Bis jetzt jedoch weist das Erziehungsministerium alle Anträge auf Änderung dieser Praxis zurück.

5.3. Der Lehrplan im Fach Geschichte

Seit einigen Jahren sieht die Türkei sich damit konfrontiert, dass Armenier in aller Welt den »Völkermord« zur Sprache bringen. Sie hat deshalb mit umfangreichen Vorbereitungen zur Widerlegung der »unbegründeten armenischen Behauptungen« begonnen. Ein Teil der neuen Strategie betrifft natürlich auch die Schulen, weshalb der Lehrplan in Geschichte ausgeweitet und neue Schulbücher vorbereitet werden.[2] Im nächsten Schuljahr kommen sie zum Einsatz.

Damit dieses Schuljahr nicht ungenutzt verstreicht, hat das Erziehungsministerium am 14. April an alle Schulen, auch an die Schulen der Armenier, einen Erlass gesandt. Dieser Erlass sieht vor, dass Diskussionen und Aufsatzwettbewerbe zum Thema »Die unbegründeten Behauptungen über einen Völkermord an den Armeniern« veranstaltet werden. Mit der Begründung, der Erlass widerspreche internationalen Abkommen, welche die Türkei unterzeichnet hat, haben der Men-

---

1 Vgl. dazu: »Solange die Geisteshaltung sich nicht ändert«.
2 Vgl. zu den Geschichtsbüchern: »Zu viel, zu wenig und falsche Information«.

schenrechtsverein[1] und die Rechtsanwaltskammer Diyarbakir Beschwerde eingelegt und beim Staatsrat [dem höchsten Verwaltungsgericht] geklagt.[2]

Eine solche Einstellung ist haarsträubend. Sie führt dazu, dass Kinder über ein Thema, über das sich die Erwachsenen noch streiten, einseitig unterrichtet werden und zwischen ihnen Zwietracht gesät wird. In der Schule sollte Geschichte nicht diktiert, sondern hinterfragt werden. Doch das ist noch nicht alles. Auch in den armenischen Schulen [der Türkei] bleibt die armenische Geschichte außen vor. Man enthält den Kindern also nicht nur eine dreitausend Jahre lange Geschichte vor. Jetzt will man ihnen auch noch Dinge vermitteln, die ihre Identität verneinen und sie zwingen, Sätze zu formulieren, die Selbstverachtung nach sich ziehen müssen.

5.4. Ausbildung der Lehrer für Armenisch

An keiner Universität des Landes gibt es einen Lehrstuhl für armenische Sprache und Literatur. Deshalb finden wir keine Lehrer, die Armenisch auf akademischem Niveau beherrschen. Wir fordern deshalb, dass an der Universität Istanbul oder an einer privaten Universität ein solcher Lehrstuhl eingerichtet wird.

6. Probleme im religiösen Bereich

Das Patriarchat der Armenier in der Türkei bringt wiederholt zur Sprache, dass es Probleme bei der Ausbildung von Geistlichen, bei den Statuten für das Patriarchat und auch in anderen Bereichen gebe. Das Patriarchat selbst hat die Gemeinde bisher jedoch nicht im Einzelnen über diese Problemen unterrichtet, weshalb wir die Aufzählung und Erklärung dieser Fragen dem Patriarchen überlassen.[3]

7. Die Bewahrung des historischen Erbes

Die Armenier haben in Anatolien viele Tausende Kirchen, Schulen und andere historische Gebäude geschaffen, ein Erbe,

---

1 İnsan Hakları Derneği
2 Der Aufsatzwettbewerb musste auch in armenischen Schulen durchgeführt werden.
3 Vgl. zur Ausbildung von Geistlichen: »Das Staatskloster« und zu Hrant Dinks Bewertung der Rolle des Patriarchats: »Armenier und zivilgesellschaftliches Engagement«.

von dem nur wenig erhalten ist. Doch was erhalten ist, das rottet heute vor sich hin, und bei dem, was genutzt wird, weist nichts auf seinen armenischen Charakter hin. Wir fordern, dass die Türkei sich ihrer Geschichte als ganze annimmt, und das gilt auch für die armenischen Bauwerke.

8. Ergebnis

Trotz der guten Absichten der Regierung und trotz des Erlasses neuer Gesetze durch das Parlament hat sich die Lage der Minderheiten im letzten Jahr in keiner Weise gebessert. Denn die Bürokratie arbeitet diesem Ziel entgegen. Sie tut dies mit der Absicht, den Beitritt der Türkei zur EU zu verhindern. Hinter den einzelnen Problemen steht eine Geisteshaltung, nach der die Armenier nicht Staatsbürger, sondern »Fremde«, »die Anderen«, die Fünfte Kolonne des Auslandes und ein Sicherheitsrisiko sind. Soviel ist klar: Solange sich diese Haltung nicht ändert, bleibt jede einzelne Maßnahme Stückwerk. Hoffnung bereitet freilich, dass sich türkische Intellektuelle heute mehr denn je für die Geschichte und die Kultur der Armenier interessieren und ihre Existenz in der Türkei als einen Pluspunkt für ihr Land betrachten. Eine Türkei mit einer solchen Haltung hätte Europa einiges zu bieten.

Minderheiten als Ausländer
oder Staatsbürger zweiter Klasse

Sind wir ein ›anvertrautes Gut‹?   *17. Oktober 1997*

Seit der für Stiftungen zuständige Staatsminister Metin Gürdere
sein Amt angetreten hat, verfolgen wir jeden seiner Schritte; und
alles, was er tut und sagt, wandert ins Archiv. Auch suchten wir
nach Wegen, ein Interview mit ihm zu machen, da kam uns Ersin
Kalkan von der Zeitung Pazar zuvor. Ich hätte das Gespräch nicht
besser führen können, hätte vielleicht nur ein, zwei sehr konkrete Fragen einzelner Stiftungen angesprochen.

Andererseits ist es ein Segen, dass wir dieses Gespräch mit
dem Minister nicht selbst geführt haben. Denn was Gürdere dort
in Bezug auf Minderheiten gesagt hat, stimmt einen wirklich traurig, vor allen Dingen deshalb, weil man es wohl als offizielle staatliche Stellungnahme lesen muss. Tatsächlich bestätigt der Herr
Minister die altbekannte staatliche Linie, z.B. wenn er sagt: »Wie
kann ich anders handeln, wenn diese Leute [die Griechen] die
Unsrigen [die türkischen Muslime] in Westthrazien nach Her-
zenslust quälen und unterdrücken?« Der Herr Minister könnte
seine Klage ja auch ein bisschen diplomatischer ausdrücken. Er
macht sich diese Mühe nicht, sagt offen, dass es für ihn Bürger
zweierlei Klassen gibt und schert sich nicht um Normen der
Europäischen Union.

Minister Gürdere behauptet nicht, dass Minderheiten hier im
Land keine Probleme hätten. Er gibt das ohne Umschweife zu
und sagt dann abgebrüht, das liege am Prinzip der Gegenseitigkeit. Dieser Spruch von der Gegenseitigkeit ist ja nicht nur ein
Wort, das die Imperialisten in den Vertrag von Lausanne eingefä-
delt haben, es ist ein furchtbares Prinzip, das es einem Staat erlaubt, die eigenen Minderheiten so schlecht zu behandeln, wie es
der andere Staat mit seinen Minderheiten tut.[1] Minister Gürdere

---

1 In dieser frühen Phase seiner Beschäftigung mit dem Vertrag von Lausanne, der internationalen juristischen Grundlage für die Lage der Minderheiten in der Türkei, blieb Hrant Dink – auch wenn er sie kritisierte – noch
  stark der offiziellen türkischen Lesart des Vertrags verhaftet. Heute gehen
  auch türkische Juristen davon aus, dass der Vertrag von Lausanne den Staa-

nennt das im Interview einfach »die Spielregeln«, und wenn die Minderheiten nun mal in miteinander verfeindeten Staaten leben, dann sind sie eben Geiseln.

Der Journalist fragt den Minister weiter: »Warum enteignen Sie Immobilien der Stiftungen der Minderheiten?« Und der Minister antwortet: »Was soll ich tun, ich kann doch nicht entscheiden, welche Immobilie nun wem gehören soll.[1] Mit allen anderen Rechten der Minderheiten gibt es ja kein Problem.« Auch hier zeigt sich, dass kein Bewusstsein von den Grundsätzen herrscht, die in der Europäischen Union gelten. Der Journalist hakt nach und fragt: »Gut, bei den Griechisch-Orthodoxen ist die Anwendung des Prinzips der Gegenseitigkeit möglich, doch welche Schuld trifft die Armenier und die Syrisch-Orthodoxen?«[2] Die Antwort, die der Minister darauf gibt, jagt einem eine Gänsehaut über den Rücken: »Gesetze gelten nun einmal für alle in gleicher Weise, wir können doch die Armenier nicht anders behandeln als die Griechen – mitgefangen, mitgehangen.«[3] Das sagt nicht irgendein Fanatiker und auch kein Zeitungsschreiberling, der einfach vor sich hinplaudert, das sagt der zuständige Minister unseres Staates!

Eine Wendung liebt der Minister ganz besonders, mir geht sie furchtbar auf die Nerven. Er sagt: »In unseren Augen sind die

---

ten nicht das Recht auf Unterdrückung oder Benachteiligung ihrer Minderheiten einräumt (was auch absurd wäre, da der Schutz der Minderheiten ein Hauptanliegen dieses Vertrages ist), sondern dass es um »eine parallele Verpflichtung« beider Staaten (Griechenland und der Türkei) geht. »Wer [in der Türkei] von Gegenseitigkeit spricht, nimmt die eigenen nichtmuslimischen Bürger als Faustpfand für die Lage der muslimischen ›Artgenossen‹ [in Griechenland]. Das ist glatter Islamismus. Wir leben hier in einem laizistischen Land.« Prof. Dr. Turgut Tarhanlı, zitiert nach Baskın Oran in Radikal-İki vom 24.2. 2008.

1 Das bezieht sich auf Immobilien, die den Minderheitenstiftungen von einzelnen Mitgliedern der Gemeinden überlassen wurden, die diese jedoch amtlich nicht eintragen lassen können und die dann an den Staat fallen. Vgl. dazu: »Zur Information über die Lage der Minderheitenstiftungen«.

2 Für die Syrisch-Orthodoxen gibt es keinen anderen Staat, der für sie ›zuständig‹ sein könnte. Mit der Republik Armenien ist die Türkei weder im Rahmen eines Vertragswerks noch durch diplomatische Beziehungen verbunden.

3 Wörtlich: »Kurunun yanında yaş ta yanar.«

Minderheiten ein unserem Staat von Gott anvertrautes Gut.«
Schau einer an, wie er sich hinter Gott versteckt! Hat Gott vielleicht den Lausanner Vertrag mitunterschrieben?

Beim Spruch vom »anvertrauten Gut« fällt mir immer ein
Brauch aus Anatolien ein. Wenn dort Eltern ihre Kinder in die
Schule oder zur Lehre geben, dann sagen sie zum Lehrer oder
Meister: »Den hier vertraue ich dir an, sein Fleisch ist dein, doch
die Knochen gehören mir.«[1] So ist es auch bei uns. Unser Fleisch
gehört unserem Vormund und unsere Knochen denen, die uns
ihm überlassen haben.

Fragen an meinen Lehrer   *31. Oktober 2003*

*Fach: Nationale Sicherheit; Lehrbuch: Informationen zur Nationalen
Sicherheit für Gymnasien,[2] S. 97; Verlag: Ministerium für Nationaler-
ziehung, Staatliche Bücher; 6. Auflage, Druckerei des Ministeriums für
Nationalerziehung; Istanbul 2003, ISBN 975-11-1718-9; Autor: (Kein
Eintrag).*

*Fach: Nationale Sicherheit; Thema: Die Umtriebe des Auslands zum
Schaden der Türkei;[3] Kapitel: Geschichte der frühen Republik; Abschnitt:
Separatistische Aktivitäten; Überschrift: Minderheiten nach dem Frie-
densvertrag von Lausanne.[4]*

Im Text, der sich in dem genannten Buch an dieser Stelle findet,
ist meiner Meinung nach folgende Stelle interessant:

»Nach dem Friedensvertrag von Lausanne, der am 24. Juli 1923
unterschrieben wurde, gibt es in unserem Lande als Minderhei-

---

1 »Eti sizin kemiği benim«, das heißt: Erziehe ihn ruhig streng, aber schlage
   ihn nicht so sehr, dass ein dauerhafter Schaden zurückbleibt.
2 »Lise Milî Güvenlik Bilgisi.« Das Fach Nationale Sicherheit ist Teil des
   Lehrplans.
3 Sehr freie Übersetzung von »Türkiye Cumhuriyeti üzerine oynanan oyun-
   lar«.
4 Der Vertrag von Lausanne wurde 1923 zwischen der Türkei und den Sieger-
   mächten des Ersten Weltkriegs abgeschlossen. Er regelt unter anderem das
   Verhältnis der nichtmuslimischen Minderheiten zum türkischen Staat.

ten nur die nichtmuslimischen Gruppen. Egal welcher Rasse oder welchem Glauben (Römer[1] oder Armenier etc.) sie angehören, sie werden als türkische Staatsbürger anerkannt und vor dem Gesetz gleichbehandelt. Dies sichern auch die Verfassungen von 1924, 1961 und 1982 zu.[2] In der Türkei teilen 95 Prozent der Bevölkerung seit Tausenden von Jahren das gleiche Schicksal, die gleiche Kultur und die gleichen Wünsche und sind fest miteinander verschmolzen.«

An einer anderen Stelle auf derselben Seite heißt es unter der Überschrift »Worin besteht die Orientalische Frage?«[3]

»Um die weiten und wertvollen Regionen des Osmanischen Reiches unter ihren Einfluss zu bekommen, haben sich die mächtigen Länder Europas der nichtmuslimischen Gruppen bedient. Unter dem Vorwand, diese Gruppen zu schützen und ihre Rechte zu verteidigen, haben sie sich in die inneren Angelegenheiten des Reiches eingemischt. So haben sie dafür gesorgt, dass die nichtmuslimischen Minderheiten erst die verschiedensten sogenannten Rechte, dann die Autonomie (Föderation)[4] und dann die Unabhängigkeit erlangten. Um all das zu erreichen, haben die Nicht-Muslime folgende Politik betrieben:

Sie wurden zu wirtschaftlichen, politischen und finanziellen Maklern der großen Staaten innerhalb des Osmanischen Reiches, zu einer Art Gemeinde unehrlicher Makler. Sie sorgten im Osmanischen Reich immer wieder für Unruhen und dafür, dass Europa auf ihrer Seite eingriff. Sie rissen Privilegien an sich, die nach den jeweiligen Umständen zur Erlangung ihrer Autonomie oder ihrer Unabhängigkeit führen sollten.«

---

1 Türkisch: »Rum«, so nennt man in der Türkei die Angehörigen des Griechisch-Orthodoxen Kirche, weil sie aus Ostrom (Byzanz, Konstantinopel) kommen.

2 Die Verfassungen von 1961 und 1982 wurden nach Staatsstreichen des Militärs entworfen und verabschiedet.

3 Als »Orientalische Frage« galt in der Zeit vor dem Ersten Weltkrieg die unterschiedliche und wechselnde Strategie der Europäischen Mächte gegenüber dem geschwächten Osmanischen Reich, die Frage, ob das Reich gegen Russland zu stützen oder zu liquidieren sei.

4 Die Begriffsverwirrung steht so im Originaltext.

In den Lehrbüchern gibt es in der Regel vor und nach jeder Unterrichtseinheit die Abschnitte »Vorbereitungen« und »Fragen«. Die »Vorbereitungen« empfehlen weiteres Informationsmaterial und Untersuchungen, die »Fragen« messen den Lernerfolg. In dieser Unterrichtseinheit fehlen jedoch die »Vorbereitungen« genauso wie die »Fragen«. Dabei taucht eine ganze Menge von Fragen auf. Ich frage einfach mal:

»Mein Lehrer, sind in diesem Land 100 Prozent [der Einwohner] Staatsbürger oder nur 95?

Mein Lehrer, wenn Sie sagen, dass in der Türkei 95 Prozent der Bürger seit Tausenden von Jahren das gleiche Schicksal, die gleiche Kultur und die gleichen Wünsche teilen und fest miteinander verschmolzen sind, wer stellt dann den Rest? Etwa die Minderheiten, denn die sind ja das Thema dieser Unterrichtseinheit? Wenn diese fünf Prozent weder das gleiche Schicksal noch die gleiche Kultur oder die gleichen Wünsche mit der Mehrheit teilen und nicht mit allen anderen verschmolzen sind, warum heißt es dann vorher, dass sie, »egal welcher Rasse oder welchen Glaubens sie auch sind, als türkische Staatsbürger anerkannt und vor dem Gesetz gleich behandelt werden?«

Mein Lehrer, ist es richtig »ja« und gleichzeitig »nein« zu sagen, von dieser Gruppe als von »türkischen Bürgern« zu sprechen und sie gleichzeitig von der Mehrheit getrennt zu betrachten? Oder, mein Lehrer, ist es etwa so, dass 95 Prozent Staatsbürger erster Klasse sind und fünf Prozent Staatsbürger zweiter Klasse? Mein Lehrer, ich bitte um Entschuldigung, aber fallen solche Fragen unter Separatismus?

Mein Lehrer, etwas will ich noch zur »Orientalischen Frage« wissen. Diese Europäer bedrängen uns ja noch heute damit, dass wir die Minderheitenrechte beachten und die Minderheiten schützen sollen. Sie machen es sogar zur Voraussetzung unserer Mitgliedschaft in der Europäischen Union.

Mein Lehrer, warum gewähren wir den Minderheiten denn ihre Rechte nicht, ohne dass die Europäer darauf drängen müssen? Warum erlauben wir den Europäern, die Minderheiten als ihr Werkzeug zu nutzen?

Mein Lehrer, kann es denn rechtens sein, den Minderheiten, die ihnen zustehenden Rechte nicht zu gewähren und sie gleichzeitig zu beschuldigen, dass sie ungerechtfertigte Ansprüche stellen? Die Minderheiten fordern noch heute ihre Rechte ein, sollen wir sie deshalb erneut beschuldigen, »Mittler der wirtschaftlichen, politischen und finanziellen Interessen der Europäer zu sein, eine Gemeinde von unehrlichen Maklern?«

Mein Lehrer, meine letzte Frage betrifft noch einmal diese wirtschaftliche, politische und finanzielle Maklerei. Heute ist von den Minderheiten ja nur noch wenig übrig, doch eine ganze Reihe von echten Türken und ihren Firmen füllen die entstandene Lücke. Sie sind nicht nur die wirtschaftlichen und finanziellen Makler der Europäer, sondern sie kooperieren auch mit allen großen Firmen dieser Welt. Mehr noch, politische Parteien, Gewerkschaften und andere Institutionen arbeiten eng mit Leuten gleicher Anschauung und Ideologie aus Europa zusammen und sie verteidigen deren Interessen. Wenn Angehörige der Minderheiten so etwas tun, dann heißt das Maklerei, wie heißt das, wenn es echte Türken tun?

Mein Lehrer, ich hätte noch so viele andere Fragen.

Solange die Geisteshaltung sich nicht ändert
26. November 2004

Eine Schlagzeile lautet: »Ausländische Schulen brauchen von nun an keinen türkischen Direktor mehr.« Doch was steckt hinter dieser Überschrift? Sagen wir es mit den Worten von Hüseyin Çelik, Minister für Nationalerziehung: »In der Vorschrift [welche die Ernennungsvoraussetzungen für die Vizedirektoren der Minderheitenschulen bestimmt] wurde bisher die Formulierung ›von türkischer Abstammung‹ verwendet, doch meint ›Türke‹ keine Ethnie, sondern eine Nation. Deshalb wurde die Formulierung ›von türkischer Abstammung‹ durch ›Staatsbürger der Republik Türkei‹ ersetzt.« Der Schul- und Bildungsausschuss des Parlaments hat diese Änderungen mit Unterstützung der CHP [Cumhuriyet Halk Partisi, Republikanische Volkspartei] beschlossen. Was soll man dazu sagen? Zuerst natürlich vielen Dank an Professor Baskın Oran, dessen Minderheitenbericht, auch wenn sie ihn zerrissen haben, nun doch zu etwas nütze ist.[1]

Ob sich durch die neue Wendung die Praxis wirklich ändert? Es sieht nicht danach aus, und die absurde Hierarchie, die an den Minderheitenschulen zwischen dem ›Direktor‹ und seinem ›Stellvertreter‹ herrscht, wird wohl weiter andauern. Denn an den Minderheitenschulen ist der ›Direktorstellvertreter‹ (den man den türkischen Direktor nennt) der Vorgesetzte des Direktors, der stets den Minderheiten angehört. Natürlich laufen die Direktoren seit Jahren gegen diese Regelung Sturm und fragen sich, ob sie keine Staatsbürger dieses Landes sind. Doch es ändert sich nichts. Die Formulierung wird geändert, doch nicht die absurde Hierarchie, so dass der Direktor der Untergebene seines Stellvertreters bleibt.

Den Grund dafür zeigt folgende Geschichte, die sich am 27. Januar des Jahres 1995 im Anadolu-Gymnasium von Cağoğlu[2] zugetragen hat. Naci Akay, der Chef des Erziehungsdirektoriums von Istanbul, hatte an diesem Tag die Direktoren und (›türkischen‹) Vizedirektoren der Minderheitenschulen zur Besprechung geladen. In seiner Rede zur Eröffnung richtete der Chef des Direktoriums sich an die (›türkischen‹) Direktorstellvertreter und sagte wörtlich Folgendes:

»Sie vertreten in diesen Schulen die Republik Türkei. Sie wissen, dass die Direktoren dieser Schulen nicht von uns [dem Ministerium], sondern von den Minderheiten ernannt werden. Aber wir ernennen Sie. Sie wissen, dass [auch] die [kommerziellen] privaten Schulen ausländische Lehrer einstellen, aber die dortigen Direktoren ernennen wir, das fällt in unsere Kompetenz. Die Leute hier dagegen [die Direktoren der Minderheitenschulen],

---

1   Professor Baskın Oran war Schriftführer der Arbeitsgruppe »Kulturelle und Minderheitenrechte« des Konsultationsrats »Menschenrechte« beim Amt des Ministerpräsidenten und legte in dieser Eigenschaft im Oktober 2004 einen Bericht zu »Minderheitenrechten« vor. Nationalistische Mitglieder des Ausschusses rissen Oran den Bericht aus den Händen und zerfetzten ihn vor den Augen der Presse, und Oran wurde zusammen mit dem Vorsitzenden der Arbeitsgruppe wegen Separatismus angeklagt. Der Freispruch erfolgte im April 2008.

2   Stadtteil Istanbuls, in der Nähe des Basars.

das sind nicht unsere Direktoren. Seien Sie deshalb vorsichtig. Alle Stellvertretenden Direktoren müssen vorsichtig sein. Sie wissen, dass der Volksmund von Ihnen als »türkische Direktoren« spricht. Sie sind an diesen Schulen unsere Augen und Ohren. Sie müssen deshalb stets vor Ort sein. Wir sind Ihnen dankbar dafür, dass Sie uns immer von allem unterrichten. Wenn nicht, werden Sie umgehend versetzt. Wir stehen immer hinter Ihnen, und wir vertrauen Ihnen.«

Naci Akay hat es bei dieser Rede nicht bewenden lassen. In einem Brief an Refik Durbaş von der Zeitung Sabah, den dieser in seiner Kolumne am 16. November unter dem Titel »Die Ernennung der Lehrer an den Minderheitenschulen« veröffentlicht, hat er Folgendes geschrieben: »Es ist der falsche Weg, die türkischen Lehrer und Verwalter von den Minderheitenschulen abzuziehen und an ihrer Stelle Angehörige der Minderheiten zu ernennen, die auch als türkische Staatsbürger gelten. Im Gegenteil, man muss die türkischen Lehrer, die man an diese Schulen schickt, noch viel sorgfältiger auswählen.«

Das zeigt, welche Geisteshaltung unter den Bürokraten des Ministeriums herrscht, in deren Zuständigkeit die Minderheiten fallen.

Ansprechpartner: Außenministerium   *25. August 2006*

Die Kritik, die Mehmet Y. Yılmaz in der Zeitung Hürriyet formuliert hat, bietet der Armenischen Gemeinde der Türkei Anlass zur Selbsterforschung. Das, was der Patriarch Mutafyan darauf antwortete, enthält zwar viel Richtiges, reicht aber noch nicht aus. Beginnen wir deshalb mit unserer Selbsterforschung.

Yılmaz sagt vollkommen zu Recht: »Das Außenministerium ist die letzte Behörde, an die ein türkischer Staatsbürger sich für die Lösung seiner Probleme wenden sollte« und fragt auch gleich den Patriarchen, warum er sein letztes Schreiben an Außenminister Abdullah Gül gerichtet hat. Yılmaz sagt weiter, dass die Armenier der Türkei Staatsbürger dieses Landes sind und fragt, was sie wohl mit dem Außenministerium zu klären haben könnten. Yılmaz wendet seine Kritik jedoch auch gegen die Türkei und schreibt: »Den Patriarchen kann man nur auf den ersten Blick für solche Absurditäten kritisieren. Denn es ist der türkische Staat, der seine Staatsbürger, die Angehörige der [religiösen] Minderheiten sind, als Ausländer betrachtet. Daher rührt auch, dass ihre Stiftungen als »ausländische Rechtspersonen« angesehen werden und dass der Staat die Angehörigen der Minderheiten selbst mit so absurden Namen wie »ausländische Staatsbürger« belegt.« Dem kann ich nur zustimmen.

Auch Patriarch Mutafyan schließt sich Mehmet Y. Yılmaz an und dankt ihm für seine Haltung. Wir haben seine Antwort abgedruckt, deshalb hier nur ein Auszug. Mutafyan schreibt: »Es ist der Staat, der festgelegt hat, dass sich das Auswärtige Amt um die Belange der Nichtmuslime kümmert. Das heißt, wenn wir uns an das Auswärtige Amt wenden, fügen wir uns dem herrschenden System.«[1]

Wahrscheinlich ist gerade das unser Problem, der Punkt, an dem die Selbsterforschung einzusetzen hat. Denn wir betonen, wir seien Staatsbürger, aber wir lassen uns gleichzeitig auf die Korrespondenz mit dem Auswärtigen Amt ein. Im Grunde ziehen wir das sogar vor, denn das Außenministerium behandelt uns im Allgemeinen noch am besten. Wir hätten diesem Ministerium längst die Frage stellen müssen, warum der Staat gerade über das Außenamt mit uns verkehrt und ob es dafür kein anderes Ministerium gibt.

Die Kommunikationswege des Staates mit uns, den Minderheiten, sind seit jeher ein Problem. Es gibt da nur zwei Stränge. Insofern wir als Sicherheitsrisiko gelten, nimmt sich das Innenministerium unserer an.[2] Und weil der Staat uns eigentlich als Ausländer ansieht, gibt er das Auswärtige Amt als unseren Ansprechpartner vor. Besonders in den letzten Jahren jedoch legt dieses Ministerium ein freundlicheres Verhalten an den Tag, weil die Minderheiten für den Weg der Türkei in die Europäische Union zum Instrument geworden sind. Verbesserungen unserer Lage erfolgen ausschließlich auf deren Drängen. Für eine demokratische Türkei ist all das eine große Schande.

---

1 Auch das Osmanische Reich verkehrte nach seiner politischen Modernisierung über das Außenministerium mit den Minderheiten.
2 Bei der Polizei gibt es die Abteilung ›Minderheiten‹, Azınlıklar Masası.

Doch auch der Vorschlag von Patriarch Mutafyan, der Staat solle die Kommunikation mit uns über das Ministerium laufen lassen, dem die staatliche Religionsbehörde[1] untersteht, ist für uns keine Lösung. Denn sie geht davon aus, dass wir ausschließlich eine Religionsgemeinschaft sind. Das widerspricht dem laizistischen Charakter der Türkei. Es grenzt außerdem jene Armenier aus, die sich selbst als säkular verstehen. Der einfachste Weg wäre, wenn uns der Staat als normale Staatsbürger wahrnähme. So lösen sich andere Probleme ganz von selbst.

---

1 Die Religionsbehörde (Diyanet İşleri Başkanlığı) ist die zentrale Verwaltung des (sunnitischen) Islam.

Lage der anderen Minderheiten

Wenn meine Seele mit sich selbst im Streite liegt

24. Januar 1997

Manchmal liegt die Seele eines Menschen mit sich selbst im Streit. Dann streiten Hass und Liebe miteinander, Schmerz und Genuss. In diesem Schachspiel der Gefühle treten sowohl hilflose ›Bauern‹ auf, die mit Kleinigkeiten zufrieden sind, als auch der ›König‹, der immer noch mehr möchte. Die Psychologen sagen, wer sich mit dem begnügt, was er gerade hat, ist drauf und dran, sich auf ein passives Leben einzulassen. Was wissen sie von unserer Gesellschaft, die Widerstandskämpfer benötigt, nur um zu sichern, was sie hat?

Sie [liebe Leser] wissen nicht, wie oft ich in dieser Woche ganz leise vor mich hin »danken wir Gott für unsere Lage« sagte. Ich sagte dies, als ich mit Yakup Bilge[1] über die Lage der Syrisch-Orthodoxen sprach. Wenn Sie das Interview [in der Zeitung] erst lesen, verstehen Sie, was ich meine.

Denn diese armen Leute haben in der ganzen Türkei keine einzige Schule. Sie haben in Istanbul keine einzige Kirche, die ihnen gehört.[2] Sie haben keine Zeitung, keine einzige Stiftung und auch kein Krankenhaus. Sie haben [in diesem Land] nicht einmal ein eigenes Patriarchat.[3] Was diese Gruppe in den letzten Jahrzehnten erlebt hat, das wünscht man seinem Feinde nicht: Auswanderung, Auswanderung und noch einmal Auswanderung. Noch gestern lebten im türkischen Südosten zehntausend Syrisch-Orthodoxe, heute sind es gerade noch zweitausend. Die Syrisch-Orthodoxen wandern aus, verlassen ihre Heimat, in der sie seit Tausenden von Jahren lebten.

---

1 syrisch-orthodoxer Autor
2 Das galt für 1996. Im Jahr 2000 konnten die Syrisch-Orthodoxen ihre erste Kirche in Istanbul eröffnen. Vgl. den Artikel »Da hab' ich gerade noch gefehlt«.
3 Das Syrisch-Orthodoxe Patriarchat, dessen angestammter Sitz die Stadt Mardin an der Grenze zu Syrien war, ist gleich nach der Republikgründung nach Damaskus ausgewichen.

Wie soll man sich angesichts dessen nicht über die eigene Lage freuen, auch wenn sie mehr schlecht als recht ist? Man tröstet sich trotzdem mit dem, was man noch hat.

Manchmal jedoch ist es vorbei mit der Bescheidenheit, und uns beherrscht der blanke Neid. Wie soll er nicht, wenn man die Stiftungen Fethullah Gülens sieht, seine modernen Schulen und die von Bedrettin Dalan?[1]

Doch kaum überlässt du dich dem Gefühl des Neids und willst mehr, als du hast, trifft dich ein neuer Schlag mitten ins Gesicht. Schon wieder soll einer unserer Institutionen das Wasser abgegraben werden. Schnell bist du dann erneut im Chaos der Gefühle, zwischen dem Dank für das, was du noch hast, und diesem Wunsch nach mehr. Für uns ist es heute wichtig, den Grund für das Gefühl des Danks nicht auch noch zu verlieren und nicht so weit zu kommen wie die Gemeinde Yakup Bilges. Ich zweifele sehr daran, dass uns die Psychologen dabei helfen können.

Das eigentliche Possenspiel   20. Oktober 2000

Ein Thema, das mich schon lange interessiert, ist das Verhältnis der Armenier und der Juden in der Geschichte. Wahrscheinlich gab es auch hier eher gute und eher schlechte Zeiten, und Vieles ist noch zu erforschen.

Manche Historiker deuten zwischen den Zeilen an, dass in den Ereignissen rund um den ›Völkermord an den Armeniern von 1915‹ auch Juden eine Rolle spielten. Unter den hohen Rängen des ›Komitees Einheit und Forschritt‹[2] waren eine ganze Reihe

---

1 Fethullah Gülen, muslimischer Prediger, dessen inoffizielle Gemeinde heute über das dynamischste ›muslimische Netzwerk‹ von Bildungs- und Sozialeinrichtungen verfügt. Bedrettin Dalan, ehemaliger konservativer Bürgermeister Istanbuls, heute Inhaber mehrerer Schulen und einer Universität.

2 ›İttihat ve Terakki‹ war die einflussreichste Organisation der Jungtürken, gegründet 1889 mit Zentrum in Thessaloniki, von 1908 bis 1918 im Osmanischen Reich an der Regierung. Die Jungtürken setzten sich aus osmanischen Militärs, Bürokraten und Intellektuellen zusammen, die in Europa oder an modernen Schulen im Reich ausgebildet worden waren. Statt auf den Panislamismus des letzten einflussreichen Sultans Abdülhamid II. setz-

Juden aus der Sabbatai Zevi-Tradition,[1] einer von ihnen Nazım Bey. Bisweilen wird gesagt, diese Gruppe habe bei der Entscheidung für die Deportation eine wichtige Rolle gespielt. Manchmal wird sogar behauptet, hinter dem deutschen Militarismus, der seinerzeit das Handeln des ›Komitees Einheit und Fortschritt‹ maßgeblich bestimmt hat, habe das ›deutsche jüdische Kapital‹ gesteckt. Genaues weiß man nicht, und jeden Tag wird etwas anderes behauptet.

Ich weiß nicht, ob Juden bei den Ereignissen rund um 1915 tatsächlich eine Rolle spielten, doch wird berichtet, in den letzten 50 Jahren davor habe am Osmanischen Hof ein heftiger Kampf zwischen »Jüdischen Händlern des Serails« und den »Armenischen Admiralen des Hofs« getobt, bei dem sich beide Seiten an Schleimerei dem Sultan gegenüber überboten. Denn beide Seiten hätten Waren losschlagen und bei Ausschreibungen den Zuschlag erlangen wollen. Man sei dabei nicht zimperlich gewesen, und in Geschichtsbüchern heißt es, dass Sultan Abdülhamid II. sogar einen Ferman [ein Dekret] erlassen habe, der armenische Händler von Ausschreibungen ausgeschlossen habe.

Doch auch dies ist ein Thema für Historiker, kommen wir jetzt zum Heute. Da sehen wir, dass fast bei jeder Vorlage für einen »Beschluss zum Völkermord an den Armeniern« [in den USA] in irgendeiner Form die jüdische Lobby genannt wird. Diese jüdische Lobby [in den USA] stellt sich aus zwei Gründen gegen solche Beschlüsse.

---

ten die Jungtürken auf einen türkischen Nationalismus, dessen ethnische und religiöse Dimensionen stark ausgeprägt waren. Thessaloniki war – bis zur deutschen Besetzung im Zweiten Weltkrieg – eine Stadt mit überwiegend jüdischen Einwohnern und einer relativ wohlhabenden und gebildeten Bevölkerung. Eine Reihe jüdischer Intellektueller schloss sich den Jungtürken an und blieb dieser Bewegung auch dann noch treu, nachdem sich ihre Ideologie vom Osmanismus zum Türkismus gewandelt hatte. Çetin Yetkin: »Türkiye'nin devlet yaşamında Yahudiler« (Juden im türkischen Staatsleben), Afa, Istanbul 1992, S. 145 ff.

1 Sabbatai Zevi, jüdischer Rabbiner (1626-1676) trat in Izmir (Smyrna) als Messias auf und scharte eine große Gruppe von Gläubigen um sich. Er konvertierte auf Druck der Behörden zum Islam, gefolgt von vielen seiner Anhänger, die in der Türkei oft abfällig als Dönme (unaufrichtige Konvertiten oder Kryptojuden) bezeichnet werden.

Zum einen geht es ihr darum, Begriffe wie Holocaust und Völkermord nicht auf andere Ereignisse anzuwenden. Nur das jüdische Volk habe einen Völkermord erlitten, meint man, und nur der Völkermord der Deutschen an den Juden entspreche vollkommen der Definition des Begriffs im internationalen Recht. Unter einer solchen Perspektive zielen Behauptungen, auch andere Massaker könnten eine Völkermord darstellen, auf die Verwässerung dieses Begriffs.

Zum Zweiten geht es dieser Lobby darum, und dieser Grund ist mir eher verständlich, dass die türkisch-israelischen Beziehungen nicht beeinträchtigt werden. Manche Leute behaupten, das sei der eigentliche Grund dafür, dass sich die jüdische gegen die armenische Lobby stelle.

Jetzt kommen wir zum eigentlichen Thema. In der Türkei kennt man die »Stiftung zum 500. Jahrestag«, deren Vorsitzender Jak V. Kamhi ist und deren Logo das Motto »Ein Beispiel für die Menschheit« trägt.[1] Anlässlich der Beratungen zur Beschlussvorlage des Repräsentantenhauses der USA zur Armenischen Frage hat diese Stiftung ein Schreiben an die Mitglieder des Hauses, die Mitglieder des [US-amerikanischen] Kongresses und an Lobbyistenfirmen in den USA gerichtet. Die Zeitung Zaman veröffentlichte in der letzten Woche die englische Version des Briefs. Wir haben die Nachricht von Zaman übernommen, den Brief in Auszügen gedruckt und die Meldung unter dem Titel: »Die Sensibilität der Juden der Türkei« gebracht. Daraufhin hat uns Jak Kamhi folgenden Brief geschrieben: »In Ihrer Ausgabe vom 13. Oktober 2000, in der Sie sich auf die Meldung in einer anderen Zeitung beziehen, erklären Sie, die »Stiftung zum 500. Jahrestag« habe im Hinblick auf die Armenier-Ereignisse von 1915 das Wort »Possenspiel« gebraucht. Ich stelle hiermit fest, dass wir diesen Begriff in keiner Form verwandt haben und bitte Sie, diese Berichtigung in Ihrer Zeitung abzudrucken.«

Das ist hiermit geschehen. Es gilt jedoch noch etwas anzumerken. Wir baten, man möge uns doch das Original des Briefes

---

1 ›500. Yıl Vakfı‹; die Stiftung wurde 1989 mit dem Ziel gegründet, der sich 1992 zum 500. Mal jährenden Aufnahme der sephardischen Juden aus Spanien, nach der Reconquista, durch das Osmanische Reich zu gedenken.

zufaxen. Zuerst hieß es »natürlich«, dann gab es einen Rückzug, und man sagte, man könne unserem Wunsche nicht entsprechen, weil das Schreiben persönlich sei. Wir haben den Brief auf anderen Wegen zugespielt bekommen. In dem Brief heißt es wörtlich: »Is is not a mockery of history, the Armenian allegations, when one recalls that it was the Ottoman Empire who wellcomed and gave refuge to them, when they were expelled from Persia?« (Sind die Behauptungen der Armenier nicht wie ein Possenspiel der Geschichte, wenn man bedenkt, dass es das Osmanische Reich war, das die Armenier aufgenommen und ihnen Zuflucht gewährt hat, als sie aus dem Iran vertrieben worden sind). Ich habe in einer Reihe von Wörterbüchern nachgesehen, bei ›mockery‹ steht doch auch ›Possenspiel‹.

Mehr noch, wir haben [die Stiftung] gefragt: »Müssten Sie diese Gegendarstellung nicht eigentlich der Zeitung Zaman senden?«, und gesagt: »Wir hoffen sehr, dass Sie auch Zaman gegenüber die gleiche Sensibilität zeigen.« Ich bin gespannt, ob das geschieht. Wenn die Stiftung so vorgeht, betrachten wir das Problem als erledigt. Doch wenn sie es nicht tut, können wir nun den folgenden Schluss ziehen: Die Meldung mit dem Possenspiel ist unerwünscht, wenn sie in AGOS abgedruckt wird, jedoch nicht, wenn die Zeitung Zaman sie abdruckt, vielleicht ist sie dort sogar sehr erwünscht. So sieht es aus. Wir [von AGOS] sprechen nicht mehr von dem Possenspiel, doch allein damit ist dieses Possenspiel noch nicht vorbei.[1]

Da hab' ich gerade noch gefehlt   *16. November 2001*

Im Fortschrittsbericht der Europäischen Union zur Türkei finden sich auch Dinge, die das Herz erfreuen: Nachdem festgestellt wurde, dass, »was die religiösen Freiheiten betrifft, die Toleranz den nichtmuslimischen Gemeinden gegenüber zugenom-

---

1 Die Zeitung Zaman ist eine liberale Zeitung des betont muslimischen Teils der türkischen Gesellschaft und hat zusammen mit der Zeitung Hürriyet die höchste Auflage in der Türkei. Im Artikel vom 27. Oktober 2000 merkt Hrant Dink an, dass in der Zaman keine Gegendarstellung erschienen ist.

men hat«, werden folgende Beispiele genannt: »Die türkischen Behörden haben im Jahr 2000, das für die christliche Welt große Bedeutung hat, die Durchführung vieler religiöser Veranstaltungen erlaubt«, »Staatspräsident [Ahmet Necdet] Sezer beglückwünschte die Minderheiten zum Weihnachts- und Chanukkafest«, »Ministerpräsident [Bülent Ecevit] veröffentlichte einen Erlass, der es Assyrern, die aus Europa zurückkehren, erlaubt, sich [in ihren Dörfern] im Ausnahmezustandsgebiet[1] niederzulassen«, »mit Unterstützung von Staatspräsident Sezer wurde in Istanbul eine assyrische Kirche eröffnet« und »Kirchen und andere Gebäude, die im Besitz von Stiftungen der Minderheiten sind, dürfen jetzt ohne Genehmigung restauriert werden«. Ich weiß nicht, wie es Ihnen angesichts dieser guten Nachrichten geht, können auch Sie sich eines Lächelns nicht erwehren und nimmt Ihr Antlitz eine leichte Rötung an? Ich jedenfalls bekomme einen roten Kopf, und weiß nicht recht, ob das die Scham der Freude ist oder die Folge von ironischen Gedanken.

In tiefes Rot färbt sich mein Haupt, wenn ich dann weiterlese, »die christlichen Kirchen können noch immer nicht ohne Schwierigkeiten über ihr Eigentum verfügen«, und »beim Thema der Öffnung des Priesterseminars auf Heybeliada[2] gibt es noch keinen Fortschritt.« Es ist noch eine Menge zu tun. Das spricht auch aus folgenden Zeilen: »Es fehlt die Grundlage dafür, dass die verschiedenen ethnischen Gruppen ihre kulturelle Identität frei zum Ausdruck bringen, ihre Traditionen pflegen und ihre Sprachen sprechen können.« Mesut Yılmaz, der Stellvertretende Ministerpräsident, hält den Bericht im Großen und Ganzen für objektiv. Da fragt man sich, warum er dann nicht dafür sorgt, dass sich die Dinge bessern.

---

1 Der Ausnahmezustand, unter dem die überwiegend kurdisch besiedelten Provinzen des Südostens seit Mitte der 1970er Jahre gestanden hatten, wurde erst im November 2002 (damals für die letzten beiden Provinzen) aufgehoben.

2 Das Priesterseminar des Griechisch-Orthodoxen Patriarchats auf Heybeliada (Halki) wurde nach dem Staatsstreich von 1971 geschlossen, als ein Gesetz alle privaten höheren Lehranstalten verbot. Die EU fordert seit Jahren die Wiedereröffnung der Priesterschule.

Schon seit geraumer Zeit diskutieren die Intellektuellen in der Türkei über den »Krieg der Kulturen«, der seit dem 11. September 2001 in aller Munde ist. Um ihn zu verhindern, müsse das Land Mitglied in der Europäischen Union werden. Nur durch die Integration eines muslimischen Landes könne Europa seinen Anspruch auf Multikulturalität einlösen und nebenbei zu einer strategischen Größe werden. Doch ist die Türkei selbst zur Übernahme dieser europäischen Philosophie bereit?

Nicht, solange sie sich nur auf ihre multikulturelle Vergangenheit beruft, jedoch die Gegenwart ausblendet. Heute ist genau das der Fall. Ständig behauptet man, das Zusammenleben unterschiedlicher Gruppen sei für die Türken kein Neuland, auf diesem Boden habe man über Jahrhunderte friedlich zusammengelebt.[1] Doch was ist mit dem Heute? Aufrechte Intellektuelle sagen offen, dass diese Tradition leider seit circa hundert Jahren ziemlich verdorben ist. Ihrer Auffassung nach bewegt sich die Türkei – genau im Gegensatz zu Europa – von kultureller Vielfalt zu kultureller [Zwangs-]Einheit, während Europa von kultureller [Zwangs-]Einheit zu kultureller Vielfalt schreitet.

Auch ich bin dieser Meinung und füge noch hinzu, dass uns heute niemand in der europäischen Liga spielen lässt, nur weil wir früher die multikulturellen Champions waren. Es kommt auf unsere gegenwärtige Leistung an. Wird in der heutigen Türkei die Multikulturalität gelebt? Wahrscheinlich muss man, um gerecht zu sein, sagen, formell und widerwillig: Ja; jedoch aufrichtig und tatsächlich: nein. Wäre es anders, könnten die multikulturellen Brösel, die der EU-Bericht enthält, kein Grund zur Freude sein. Im Gegenteil, es wäre uns nur peinlich, dass solche Kleinigkeiten in fremder Sprache zu Papier gebracht werden müssen. Man denke nur, es wird als gutes Zeichen in Richtung auf Europa gewertet und zu Bericht gegeben, dass der Staatspräsident seinen christlichen Bürgern zum Weihnachtsfeste gratuliert!

---

1 Das bezieht sich auf die lange Zeit osmanischer Herrschaft vor der politischen Modernisierung, als nichtmuslimische und ethnische Minderheiten über Jahrhunderte hinweg ihren Glauben, ihre Sprache und ihre Kultur beibehalten konnten.

Wenn es denn gilt, keine Entwicklungs- und Menschenrechts-
brösel unerwähnt zu lassen – auf dass die Hoffnung wächst –
dann will ich, falls Sie es erlauben, auch noch von mir berichten
und damit einen Lücke im EU-Fortschrittsbericht füllen. Wahrscheinlich wissen viele, dass ich schon 48 Jahre alt bin, jedoch
bis heute, aus Gründen, die mir unbekannt sind, nie im Besitz
eines Reisepasses war. Mir war anscheinend nicht so recht zu
trauen, weshalb mir Auslandsreisen unmöglich gemacht wurden.
Warum genau, habe ich nie herausgefunden. Doch jetzt, nur ganze
fünf Stunden, bevor ich diese Zeilen schrieb, bekam ich meinen
Pass, eine weitere Ungerechtigkeit wurde beseitigt. Ich schreibe
dies für den Fall, dass einer fragt, warum das denn nicht als positive Nachricht im Bericht steht? Gemach, gemach, muss ich da
sagen. Den Pass bekam ich erst, als der Bericht bereits geschrieben war.

Nicht alle Stiefkinder sind gleich   *15. August 2003*

Das Treffen von Außenminister Abdullah Gül mit dem griechischen Patriarchen von Fener, Bartholomäus,[1] in der letzten Woche, wirft erneut Licht auf die Beziehungen des Staates zu den
Minderheiten. Besonders aufschlussreich ist, was vor und nach
diesem Treffen passiert ist. Der Patriarch hatte seit langem um
den Empfang gebeten und diesen Wunsch auch wiederholt der
Presse mitgeteilt. Allein der Staat hatte nicht reagiert. Dann kam
der griechische Außenminister [Georgios] Papandreou, traf sich
[erst] mit Gül und [dann mit] Bartholomäus und gab danach
bekannt, dass letzterer von ersterem empfangen werden würde –
ein Beispiel dafür, wie selbst ein Rendezvous auf Staatsebene für
die Minderheiten zu einer Frage der auswärtigen Politik wird.

---

1   Das Patriarchat der Griechisch-Orthodoxen Kirche von Konstantinopel
    bezeichnet sich selbst als Ökumenisches Patriarchat und sieht seinen Patri-
    archen als primus inter pares, ein Anspruch der von der griechischen Kir-
    che weitgehend anerkannt, aber von der russisch-orthodoxen Kirche zu-
    rückgewiesen wird. Für die Türkei ist der griechische Patriarch offiziell nur
    Bischof von Istanbul.

Das zeigt die Wurzel des Problems: Der Staat betrachtet die Minderheiten nicht als seine Bürger und richtet den Kontakt mit ihnen nach seinem Verhältnis zu anderen Staaten aus.

Um der Gerechtigkeit Willen muss freilich zugegeben werden, dass der Staat nicht alle Minderheiten so behandelt. Seine Beziehung zu den Griechen ist anders als sein Verhältnis zu den Armeniern und wieder anders als seine Verbindung mit den Juden. Die Griechen [von Istanbul] behandelt unser Staat jeweils dementsprechend, wie gut er sich mit Griechenland versteht. Bei den Armeniern [von Istanbul] schielt unser Staat zwar auch ein wenig nach Armenien, doch hat er mit dem Land eigentlich nichts zu tun, denn es gibt keine diplomatischen Beziehungen. Die Juden [Istanbuls] dagegen profitieren seit langem sehr davon – ein Lump, wer darauf neidisch ist –, dass sie sich so ins Türkentum[1] integriert haben, lange bevor der Staat mit Israel gute Beziehungen aufbaute. Das heißt, Väterchen Staat behandelt seine Minderheiten unterschiedlich, gerade so, wie man es mit den eigenen und mit Stiefkindern macht. Die Griechen und Armenier sind für ihn nur ›Stief-Minderheiten‹, die Juden sind die ›Minderheit der ersten Klasse‹, und die Assyrer und Chaldäer gehören gar nicht zur Familie.

Das zeigt sich deutlich auch daran, was den Minderheiten vom Staat als ihre »Gemeindestruktur« aufgedrängt wird, d.h. beim inneren Aufbau der Gemeinden und der Art ihrer Vertretung dem Staate gegenüber. Während der Staat bei Griechen und Armeniern – und auch dieses nur rein formal – ausschließlich die religiösen Oberhäupter als Vertretung der Gemeinden anerkennt, haben die Juden eine funktionalere und offenere Struktur. Griechen und Armeniern erlaubt der Staat nicht einmal die Gründung ziviler Beiräte ihre Patriarchate, dagegen haben die Juden neben dem Oberrabbinat eine zivile Vertretung der Gemeinde. Bei Griechen und Armeniern fällt die Regelung aller

---

1 Die religionsferne Dimension des anfänglichen türkischen Nationalismus erlaubte es, dass einige jüdische Intellektuelle zu den ideologischen Vätern der türkischen nationalen Ideologie wurden. Gleichzeitig wurde die zionistische Bewegung niemals als eine Bewegung osmanischer Juden wahrgenommen.

Fragen, auch die der Schulen und der inneren Verwaltung sowie jeder Verkehr mit Ankara den religiösen Oberhäuptern zu, die sich eigentlich nur mit der Religion befassen sollten. Die Jüdische Gemeinde findet mit ihrer zivilen Vertretung jedoch auf allen Ebenen des Staates Ansprechpartner, die sich ihrer Probleme (Pardon, ihrer Bedürfnisse) annehmen. Hat man jemals gehört, der Oberrabbiner habe sich beklagt, er habe in Ankara kein Rendezvous erhalten? Man hat es nicht, und das liegt erstens daran, dass die Juden keine Probleme haben, und zweitens, dass wenn sie einen Ansprechpartner brauchen, sie sofort einen finden.

Die Art und Weise, wie der Staat mit den Minderheiten verkehrt, ist wirklich interessant. Besonders, wenn es um die ›Stief-Minderheiten‹ geht, ist es ein richtiges Lehrstück. Wie oft schon kam es vor, dass ihre religiösen Oberhäupter Jahre auf ein Gespräch warten mussten, bei dem sie Wünsche vorbringen, Forderungen stellen oder nur Glückwünsche aussprechen wollten. Gleichzeitig jedoch werden sie, wenn es denn nötig ist, den türkischen und internationalen Medien präsentiert und können dann sogar – vor internationalen Fernsehleuten – die höchsten Hände schütteln, so dass man neidisch werden könnte. Und hinterher warten sie weiter auf die begehrte Unterredung.

Eigentlich wollte ich über das Thema des Treffens von Gül und dem griechischen Patriarchen schreiben und bin ganz ohne Absicht beim Rendezvousprozedere gelandet. Jetzt bleiben die Themen [griechisches] Priesterseminar auf Heybeliada und der Priesternachwuchs bis zur nächsten Woche liegen.

Los, stürmen wir das Kloster!   *5. August 2005*

Die Nachricht und die Bilder in der Zeitung stoßen mir bitter auf. Der Sommer neigt sich bereits dem Ende zu, doch Patriarch Bartholomäus kann das diesjährige Kindersommerlager im Kloster auf der Insel Kınalı gerade erst eröffnen. Grund dafür sind bürokratische Hürden des Stiftungsgeneraldirektoriums, die seit Jahren andauern. Als das Lager endlich per Sondererlaubnis des Gouverneurs [von Istanbul] eröffnet wird, sind keine Kinder da.

Vielleicht kommen überhaupt keine mehr, und wenn doch, dann nur sehr wenige. In seiner Rede zur Eröffnung sprach Patriarch Bartholomäus die bittere Wahrheit aus: »Wir sind zutiefst betrübt, denn wir eröffnen dieses Sommerlager ohne Kinder. Nachdem das Stiftungsgeneraldirektorium uns unser Waisenhaus auf Büyük Ada[1] streitig gemacht hat, versucht es nun auch noch, das Kloster zu enteignen. Das ist wohl nur mit böser Absicht zu erklären. Die griechisch-orthodoxen Bürger [Istanbuls] zählten einst 120 000 Seelen, davon sind noch 2 000 übrig. Kein Mensch verlässt die Heimat ohne Grund.«

Da fiel mir meine Kindheit ein. Auf Kınalı gab es damals zwei Sommerlager, eines im [griechischen] Kloster, das andere von uns [Armeniern] organisiert. Wir armenischen Pimpfe haben damals die griechischen Kinder sehr beneidet. Unser Lager erinnerte an einen Hühnerstall auf einem betonierten Hof, der rundherum mit Stacheldraht bewehrt war. In ihm tobten von morgens bis abends über hundert Kinder. Die Kinder im Kloster dagegen konnten von ihrem Hügel im Panoramablick über die Insel sehen. Die Woche über konnten sie im schattigen Garten des Klosters spielen, der zwischen historischen Gebäuden und unter hohen Bäumen lag, und wenn das nicht ausreichte, gab es noch den großen Picknickplatz. Wir dachten immer, dass sie viel besser dran seien als wir.

So sehr wir sie beneideten, so sehr schlugen wir sie in aller Regel bei den Wettspielen, die jeden Sommer zwischen den beiden Ferienlagern veranstaltet wurden. Bei den Ballspielen auf dem Picknickplatz feuerten unsere Kinder unsere Mannschaft stets mit der gleichen Losung an: »Los, stürmen wir das Kloster!«

Und heute? Unser Lager auf Kınalı platzt im Sommer immer noch aus allen Nähten. Im Kloster der Griechen dagegen gibt es fast keine Kinder mehr. Die Worte ihres Patriarchen klingen mir noch im Ohr: »Die griechisch-orthodoxen Bürger [Istanbuls] zählten einst 120 000 Seelen, davon sind noch 2 000 übrig. Kein Mensch verlässt die Heimat ohne Grund.« Dazwischen mischt sich die Erinnerung: »Los, stürmen wir das Kloster!«

---

1 Die größte der Istanbuler Inseln, auf Griechisch: Prinkipos.

Wie reagieren die [türkische] Presse und der zuständige Minister Mehmet Ali Şahin[1] auf die Klage des Patriarchen? »Der Priester geht zu weit!«, »der Patriarch kennt seine Grenzen nicht!«, »jetzt wird der Pfaffe unverschämt«, »das Stiftungsgeneraldirektorium verklagt den Patriarchen«. Keiner nimmt die Worte des Patriarchen ernst: »Die griechisch-orthodoxen Bürger [Istanbuls] zählten einst 120 000 Seelen, davon sind noch 2 000 übrig. Kein Mensch verlässt die Heimat ohne Grund.« Sie schreien so sehr, dass sie nur ihre eigenen Parolen hören.

Das Generalstiftungsdirektorium wolle dem Patriarchen den Prozess machen, heißt es. Wenn sie sich nur zu einem solchen Fehltritt hinreißen lassen würden! Wir würden ins Gericht strömen und ihnen öffentlich vorhalten, was sie mit uns gemacht haben. Wir würden die Gelegenheit nutzen, um aufzuzeigen, wie sie den Minderheiten ihr Eigentum entrissen haben und wem die Bürokraten es hinterher zuschoben. Wir würden aufdecken, welche Inhaber rechter Zeitungen von alledem den Nutzen hatten. Wenn sie nur den Prozess begännen und wir vor den Augen der Welt zeigen könnten, wer Nutznießer des Ganzen ist!

Es hat schon seinen Grund, dass ich den Kampfruf aus den Kindertagen nicht vergessen habe. »Los, stürmen wir das Kloster!«

---

1 Şahin war damals im Kabinett von Recep Tayyip Erdoğan (AKP) Minister für Jugend und Sport und ist heute Justizminister.

II. Die armenische Frage neu gestellt

Diskussion mit den Armeniern Istanbuls

Gemeinschaft oder Gemeinde?[1]   *16. August 2002*

In letzter Zeit fragten mich Leser häufiger:»Was meinst du, wenn
du schreibst, wir sollten zivilgesellschaftliche Strukturen ausbilden?« Die Leser haben recht, ich muss ausführlicher und offener
darüber schreiben, was mir am sogenannten Gemeinschaftsleben
nicht gefällt. Fangen wir mit dem Begriff der »Gemeinschaft« an.
Auch ich benutze ihn, obwohl ich ihn nicht mag. Ich mag ihn
nicht, weil er so sehr an Religion erinnert. Doch was könnte an
seine Stelle treten? Wenn wir vom »Armenischen Volk« oder von
einer »Armenischen Nation« sprechen, dann ist das für unsere
kleine Zahl viel zu hoch gegriffen. Und den Begriff »Armenische
Minderheit« mögen die meisten nicht. In unserer Redaktion endet die Diskussion stets damit, dass wir »Armenische Gemeinde« sagen sollten, weil das mehr nach Zivilgesellschaft klingt.
Doch es ist schwer, alte Angewohnheiten zu ändern, und immer
wieder sagen wir auch »Gemeinschaft«. Trotzdem ist eine zivilgesellschaftliche Sprache der erste Schritt zu einer zivilgesellschaft-
lichen Wirklichkeit.

Wenn wir schon bei Begriffen sind, muss auch über den Ausdruck »Armenische Gemeinde der Türkei« geredet werden. Denn
manchmal sagen wir stattdessen »Armenische Gemeinde Istan-

---

1 Diese Übersetzung trifft den türkischen Titel »Cemaat mı, toplum mu?«
leider nur ungenügend. Im Deutschen können die beiden Begriffe »Gemeinschaft« und »Gemeinde« sowohl säkular (Volksgemeinschaft, lokale
Gemeinde) als auch religiös (Religionsgemeinschaft, Religionsgemeinde)
gebraucht werden. Im heutigen Türkisch dagegen steht »cemaat« für Religionsgemeinschaft und »toplum« für die moderne Gesellschaft. »Gesellschaft«
hat jedoch im Deutschen auch einen handelsrechtlichen Klang, den
»toplum« im Türkischen nicht hat. Doch auch im Deutschen existiert ein
feiner Unterschied zwischen »Gemeinschaft« und »Gemeinde«, der z.B. bei
»Dorfgemeinschaft« und »Dorfgemeinde« deutlich wird. »Gemeinschaft«
ist das naturwüchsig Gegebene, »Gemeinde« das bewusst politisch Konstru-
ierte und rechtlich Verfasste. Der Leser muss deshalb hier bei »Gemeinschaft« immer die Religion bzw. eine quasi natürliche Zugehörigkeit und
bei »Gemeinde« immer die säkulare oder politische Vereinigung und säku-
lares und politisches Bewusstsein mitdenken.

bul«. Das Patriarchat ist ähnlich unschlüssig. Wenn es auf die Geschichte Bezug nimmt, darauf, dass es von Sultan Mehmet II. gegründet worden ist und deshalb alte Rechte hat,[1] nennt es sich »Armenisches Patriarchat Istanbul«, und im Ausland ist oft vom »Armenischen Patriarchat Konstantinopel« die Rede. Doch wenn wir die türkische Öffentlichkeit ansprechen, heißt es »das Armenische Patriarchat der Türkei«. Hier sei nur soviel angemerkt, dass ich es für falsch halte, vom »Armenischen Patriarchat Istanbul« und der »Armenischen Gemeinde Istanbul« zu sprechen. Wir sind die »Armenische Gemeinde der Türkei« und drücken mit dieser Bezeichnung aus, dass wir uns nicht auf Istanbul beschränken.

Zurück zum Thema »mehr Zivilgesellschaft« und zuerst dazu, welche Kreise uns hartnäckig als Religionsgemeinschaft präsentieren wollen. Das sind zum einen Nicht-Armenier, die mit dem Laizismus ihre Probleme haben, autoritär sind und rückschrittlich. Und da sind zweitens die unter uns, die dies unterstützen. Zum Beispiel das Patriarchat, das alles daran setzt, die Mitglieder der Gemeinde als Religionsgruppe zu präsentieren. Besonders unser jetziger Herr Patriarch Mesrob II. Mutafyan ist darin äußerst eifrig.

Unser Herr Patriarch erinnert stets daran, dass das Patriarchat in Osmanischer Zeit nicht nur eine religiöse Institution war, sondern auch viele soziale Funktionen hatte[2] und dass dies auch für heute gilt. Der Patriarch belässt es auch nicht beim Erinnern. Sofort nach seiner Wahl hat er damit begonnen, eine Patriarchatsordnung ausfertigen zu lassen, die dafür sorgen soll, dass die traditionell wahrgenommenen Aufgaben des Patriarchats zu schriftlich niedergelegtem Recht werden, und die dem Patriarchen Ein-

---

1 Das Armenische Patriarchat in Istanbul wurde 1461 gegründet, acht Jahre nach der türkischen Eroberung Konstantinopels. Der Sultan wollte damit ein christliches Gegengewicht zum griechisch-orthodoxen Patriarchat der Stadt schaffen.

2 Im Osmanischen Reich war die Bevölkerung nach Religionsgruppen, »Millet« genannt, organisiert. An der Spitze jeder christlichen Millet stand der Patriarch, der dem Sultan für die Steuereintreibung verantwortlich war. Die Millet übten in religiösen, schulischen, sozialen und zivilrechtlichen Angelegenheiten Selbstverwaltung aus.

fluss auf die Stiftungsräte geben soll. Manche von ihnen hatten sich ihm bisweilen widersetzt. Diese Patriarchatsordnung soll Ankara absegnen. Seit seiner Wahl sind drei Jahre vergangen und trotz wiederholter Ankündigung, den Entwurf zugänglich zu machen, hält er ihn immer noch geheim.

Vielleicht sollen wir von ihm erst dann Kenntnis erlangen, wenn Ankara ihn abgesegnet hat und er rechtskräftig ist. Der ausländischen und türkischen Presse gegenüber hat der Patriarch freilich Andeutungen gemacht, die viel von dem Charakter seines Entwurfs verraten. Es ist deshalb an uns, ein Gemeinschaftsleben kritisch zu diskutieren, das auf der Religion beruhen soll. Wir müssen einem solchen Entwurf von Gemeinde, in dem das Patriarchat Zentrum der Gemeinde sein soll, einen Entwurf entgegensetzen, in dessen Zentrum die Zivilgesellschaft steht.

Armenier und zivilgesellschaftliches Engagement[1]

4. März 2005

In der armenischen Gemeinde der Türkei ist viel vom quantitativen und qualitativen Rückgang armenischen Lebens die Rede und das nicht ohne Grund. Ein Zeichen dafür ist beispielsweise, dass immer weniger armenische Kinder auf armenische Schulen gehen und dass die Qualität und das Niveau unserer Bildungs-, Kultur- und Sozialarbeit ständig sinkt. Woran liegt das?

Grund für all das ist meiner Meinung nach, dass unsere Institutionen von einer Geisteshaltung beherrscht werden, die sich zivilgesellschaftlich gebärdet, doch mit zivilem Engagement wenig anfangen kann und deshalb solchem Engagement sehr enge Grenzen zieht. Gleichzeitig jedoch bekennen sich die Armenier heute viel offener zu ihrer Herkunft und zu ihrer Identität. Doch das bleibt ausschließlich im individuellen Rahmen und schlägt sich nicht im Gemeindeleben nieder. Vor kurzem habe ich das mit folgenden Worten ausgedrückt: »Die Einzelnen fühlen sich heute stärker als Armenier, doch die Institutionen der Gemeinde sind in einer Krise. So wie der Einzelne sich im gesellschaftli-

---

1 Originaltitel: »Biz ve sivilleşme«

chen Leben selber findet, so müssen auch die Einrichtungen zivilgesellschaftlich aktiv sein, um wirklich zu leben. Die sich nach außen abschotten, stecken am tiefsten in der Krise.« Welche sind nun die größten Hindernisse für das zivilgesellschaftliche Engagement der Armenier in der Türkei? Ich sehe da drei Punkte:

Der erste ist die Geisteshaltung unseres Staates und seine Politik, die Minderheiten gewissermaßen einzuschmelzen. Zurückblickend können wir sagen, dass der gesellschaftliche Aufbruch der Armenier eines der größten Probleme dieses Staates [seines Vorgängers, des Osmanischen Reiches] war. Auf diesen Aufbruch hat der Staat damals mit der Katastrophe von 1915 reagiert. »Die Minderheiten sind primär ein Sicherheitsproblem«, denkt dieser Staat noch heute. »Je weniger es sind und je mehr sie sich ausschließlich als Glaubensgruppe sehen, desto besser«.

Das zweite Hindernis für das zivilgesellschaftliche Leben der Armenier ist ausgerechnet die offizielle Leitung der Gemeinde selbst, das Armenische Patriarchat der Türkei. So sehr der Patriarch sich auch als religiöser Führer präsentiert, so sehr versucht er, alle Bereiche des sozialen, finanziellen und kulturellen Lebens der Gemeinde zu beherrschen. Das ist keine neue Erscheinung, und auch der Widerstand dagegen hat eine lange Geschichte. Die Armenier haben lange für zivile [und politische] Beteiligung gekämpft, und dieser Kampf war immer auch gegen die [autoritäre] Herrschaft des Staates gerichtet.[1] Man muss freilich eingestehen, dass die Armenier dabei manchmal ihr Mütchen nicht am Staat, sondern am Patriarchat gekühlt haben. Richtig ist freilich ebenfalls, dass in manchen Perioden die Reaktionen des Patriarchats darauf härter als die des Staates waren. Noch heute mag der Patriarch es nicht, dass sich Armenier unabhängig von ihm politisch und zivilgesellschaftlich zu Wort melden.

Das dritte und wichtigste Hindernis für mehr zivilgesellschaftliches Leben ist die Gemeinde der Armenier selbst, die – jeder für sich ein Individuum – aus modernen und unabhängigen Men-

---

1 Die Armenische ›Millet‹ war die erste Gruppe im Osmanischen Reich, die sich eine Gemeindeverfassung erkämpfte, die die Autorität des Patriarchen durch gewählte Vertretungen begrenzte.

schen besteht, die jedoch nicht gemeinsam tätig werden wollen. Deshalb ist der zivilgesellschaftliche Charakter unserer sozialen, kulturellen und religiösen Institutionen oft nur eine Chimäre. Daran, dass sich das ändert, haben unsere Institutionen nur mäßiges Interesse.

Denn wer zivilgesellschaftlich denkt und handelt, der ist letztendlich auch politisch und übernimmt politische Verantwortung. Die Leitungen unserer Einrichtungen flüchten sich dagegen in die Verwaltungsarbeit und schieben die Lösung aller politischen Fragen dem religiösen Führer zu. Deshalb werden in unseren Institutionen Probleme nur verwaltet und nicht gelöst, ihre »Leiter« werden zu »Angeleiteten«. Wer einen anderen Weg geht, sieht sich schnell ausgegrenzt. Deshalb bringen unsere Institutionen keine unabhängigen und freien Persönlichkeiten hervor, im Gegenteil, sie fressen solche Persönlichkeiten auf.

Von »einer« Gemeinde sprechen[1] 15. September 2006

Wer sich daranbegibt, die Herausforderungen, denen sich die armenische Gemeinde der Türkei heute und morgen gegenübersieht, und ihre [finanziellen und kulturellen] Ressourcen zu bedenken, der sieht sich mit der Frage konfrontiert, wen die Gemeinde wohl alles umfasst. Wie steht's zum Beispiel mit den katholischen Armeniern?[2] Ich bin dafür, dass sie dazugehören, doch gestehe ich ein, dass bislang vieles dagegen spricht. Zwar kann man ohne weiteres sagen, dass die Armenier aller Konfession gefühlsmäßig ein starkes Band verbindet, doch eine materielle Grundlage für dieses Gefühl gibt es nicht. Die Katholiken haben ihre von der Mutterkirche getrennten Institutionen, ihre eigene Ordnung und leben in einer eigenen Welt.

Trotzdem, die Armenier der Mutterkirche, die katholischen Armenier und selbst die Protestanten, die nur noch wenige Fa-

---

1 Originaltitel: »›Toplum‹ derken«
2 Die Gruppen der katholischen und protestantischen Armenier entstanden im ausgehenden Osmanischen Reich als Folge von Missionierungsbewegungen der französischen und anglikanischen Kirche sowie von Kirchen der USA.

milien zählen, haben nicht nur alle dieselben Sorgen und die gleichen Ziele, sie schöpfen auch alle aus der gleichen Quelle: den wirtschaftlichen und finanziellen Möglichkeiten der armenischen Gemeinde der Türkei. So besuchen Kinder von gregorianischen Armeniern Schulen der Katholiken und katholische Kinder nehmen am Unterricht in gregorianischen Schulen teil. Und wenn katholische Schulen zum Madağ[1] einladen, dann spenden auch die Gregorianer, und Gleiches gilt, wenn gregorianische Schulen ein Spendenessen ausrichten, dann kommen auch die Katholiken. Das heißt, nicht nur Gefühl verbindet uns, sondern auch Materielles. Doch auf der Ebene der Stiftungsleitungen gibt es wenige Gemeinsamkeiten und man betont viel eher, was uns trennt. Das heißt: Für die Mitglieder der Gemeinde sind unsere Institutionen eine Einheit, für die Institutionen ist unsere Gemeinde eins, doch wenn es um die Institutionen untereinander geht, betonen sie die Trennung.

Ich denke, wir sollten trotzdem versuchen, die Armenier in der Türkei als Einheit zu betrachten, und die Hoffnung nicht aufgeben, dass eines Tages ihre Institutionen gemeinsam die Grundlage für das Meistern der Zukunft legen. Diese Gemeinsamkeit muss die Grenzen der Konfessionen überschreiten und kann deshalb nur auf zivilgesellschaftlicher Basis funktionieren. Ich weiß, dass viele Hindernisse zu überwinden sind, um ein gemeinsames Vorgehen gerade auf diesem Felde zu erreichen. Ich hoffe nur, dass wache Geister in allen Teilen der armenischen Gemeinde sehen, wohin uns das verbreitete Durchwursteln und der Verzicht auf Abstimmung untereinander führen. Dass wir heute beginnen, eine solche Gemeinsamkeit zu diskutieren, erleichtert morgen die Überzeugung anderer für diesen Weg. Gefordert sind hier auch die religiösen Führer, die klar zur Sprache bringen sollten, dass Konfessionsgrenzen kein Hindernis sein dürfen.

Jedoch höre ich schon, wie die Leitung der Katholiken sagt: »Regelt erst einmal die Zusammenarbeit unter euch, dann werden wir schon sehen.«

---

1 Wörtlich: »Liebestafel«, von Stiftungen organisierte gemeinsame Essen, die mit dem Ziel der Spendensammlung ausgerichtet werden.

Ein sehr wichtiges Thema: Wie stehen die Armenier der Türkei zu den Armeniern aus Armenien, die zur Arbeit hierher gekommen sind? Inwieweit gehören sie zu uns, inwieweit bleiben sie außen vor? Wir müssen uns mit diesen Fragen beschäftigen, besonders dann, wenn wir versuchen, unsere Ressourcen vernünftig einzusetzen. Schon ein Blick auf das Ausmaß dieser Angelegenheit zeigt uns, wie dringend diese Fragen sind. Denn seit die Republik Armenien vor 15 Jahren unabhängig geworden ist, sehen wir uns [in Istanbul] einer Zahl von Migranten gegenüber, welche jeden Tag weiter anwächst. Anfangs waren wir schlicht unvorbereitet, heute sind wir hoffnungslos überfordert. Als wir früher nur ab und an auf die neuen Landsleute stießen, herrschte Begeisterung und viel romantisches Gefühl, doch als es immer mehr wurden, fühlten wir uns bald am Ende unserer Kraft. So schnell wächst diese Gruppe, dass sie schon bald größer ist als unsere. Wir kommen gar nicht mehr dazu, die Einzelnen kennenzulernen oder in Ruhe nachzudenken. So schnell nahm ihre Zahl zu, dass sich das Parlament mit der Frage beschäftigt und manche Politiker schon von Ausweisung reden.

Noch gestern traf man sie nur in Trabzon und an der Küste des Schwarzen Meers, heute findet man sie – mit Ausnahme des Südostens, wo es absolut keine Arbeit gibt – in allen größeren Städten der Türkei, bisweilen gar in kleinen Provinznestern. Am Mittelmeer und an der Ägäis schuften sie – gut abgeschirmt – in den großen Hotels; in Zentralanatolien und an der Schwarzmeerküste pflücken sie Baumwolle und ernten Haselnüsse; und in den Großstädten putzen sie Wohnungen und passen auf die Kinder auf, und das alles, um drei von den fünf Groschen ihres Lohns ihren Familien nach Armenien zu überweisen. Was für ein Verkehr und Austausch, obwohl die Türkei und Armenien offiziell keine Beziehungen unterhalten; wie wird es erst, wenn sich das eines Tages ändert?

Wenn der Zustrom so weitergeht, und alles spricht dafür, stellt sich die Frage, ob die Armenier Istanbuls die Armenier aus Armenien aufnehmen oder nicht, bald überhaupt nicht mehr. Denn wenn die Istanbuler sich abwenden sollten, werden die Neuankömmlinge ihre Aufnahme in die Gemeinde fordern. Für uns heißt das jedoch auch, dass das ständige qantitative Schrumpfen der Armenier in der Türkei ein Ende hat. Ihre Zahl beginnt wieder zu wachsen, und keiner weiß, welche neuen Bedingungen dieses Wachstum noch weiter fördern werden und wo es eines Tages enden wird.

Manche Probleme stellen sich schon heute, z.B. wie und wo die Kinder der Migranten unterrichtet werden sollen. Auch wenn das Parlament nicht erlaubt hat, dass diese Kinder in unsere Schulen gehen, werden Politiker mit mehr Vernunft später wohl eine Lösung finden, und irgendwann werden unsere Schulen diese Kinder aufnehmen können.[1] Wie werden wir so etwas finanzieren? Und wie tragen wir die Kosten für die Gesundheitsvorsorge sowie für die Sozialhilfe solch einer großen Gruppe? Welche Auswirkung auf unser Kulturleben wird die Beteiligung der Armenier aus Armenien daran für unsere Gemeinde haben, und wie bringen wir die Mittel dafür auf? Wie soll unser Patriarchat die religiöse Betreuung dieser Gruppe bewältigen, die über weite Teile der Türkei verstreut ist? Und wie sollen wir dies mit der begrenzten Zahl unserer Geistlichen erreichen? Jetzt sieht man, wie sehr wir noch ganz am Anfang davon stehen, die Ressourcen unserer Gemeinde im Hinblick auf die heutigen und zukünftigen Aufgaben zu planen.

---

1 Im September 2006 hatte die Fraktion der regierenden »Gerechtigkeits- und Entwicklungspartei« (AKP) von Recep T. Erdoğan einen Entwurf vorgelegt, der es den Kindern der Auslandsarmenier in der Türkei, deren Zahl damals auf 40 000 geschätzt wurde, erlauben sollte, die Schulen der armenischen Minderheit in der Türkei zu besuchen. Die oppositionelle ›Republikanische Volkspartei‹ CHP unter Deniz Baykal warf der Regierung daraufhin »Verrat« an türkischen Interessen vor (Feridun Ayvazoğlu). Die Opposition forderte außerdem die »Einhaltung der Gegenseitigkeitsklausel« (Onur Öymen), was heißt, dass Christen in der Türkei keine Rechte gewährt werden sollen, welche türkischen Muslimen in Griechenland vorenthalten werden. Die Regierung zog daraufhin diesen Änderungsvorschlag zurück.

Man sieht, es ist nicht leicht zu entscheiden, wer zur armenischen Gemeinde der Türkei gehört und wer außen vor bleibt. Wir sprachen schon von den katholischen und protestantischen Armeniern und außerdem davon, wie wir mit den Armeniern aus Armenien umgehen, die neu hierher gekommen sind. Es gibt jedoch noch eine andere Gruppe, deren Lage zu diskutieren etwas mehr Mut erfordert: die Armenier, welche zum Islam konvertiert sind, und ihre heutigen Nachkommen. Heute kümmert uns diese Gruppe scheinbar noch nicht, doch morgen kommt die Frage ganz sicher auf uns zu. Denn man muss kein Prophet sein, um zu sagen, dass – wenn die Türkei sich weiter demokratisiert und ihre Bürger sich individualisieren – sie eher fähig sind, ihre Herkunft genauer zu ergründen und die Identitäten, auf welche sie dann stoßen, relativ frei zu leben.

Ein jeder weiß, dass vor, während und nach 1915 in Anatolien Armenier islamisiert worden sind, um sie vor der Verfolgung zu schützen. Vor allem Kinder, Mädchen und Frauen, manchmal jedoch auch ganze Dörfer oder Verwandtschaftsgruppen wurden damals aus Christen zu Muslimen. In der Türkei ist dieses Thema immer noch tabu. Dabei finden sich viele Armenier – besonders aus dem Südosten der Türkei – die auch muslimische Verwandtschaft haben. Noch scheuen sich diese Leute in aller Regel, ihre Verwandtschaftsbeziehungen öffentlich zu machen und ganz normal zu pflegen. Mehr und mehr solche Fälle werden jedoch bekannt, und wer weiß, wo das hinführt? Wie gehen wir in Zukunft mit solchen Fällen um, gehören solche Leute zu uns, oder müssen sie draußen bleiben?

Da wir gerade bei diesem Thema sind, sollten wir zwei unserer Patriarchen gedenken, die in der Zeit der Republik erfolgreich dafür gewirkt haben, dass in Anatolien vereinzelt lebende Armenier zur Gemeinschaft [nach Istanbul] kamen: Patriarch Karekin Khaçaduryan und Patriarch Şırnorhk Kalustyan. Sie brachten erst die Kinder in die Stadt und in die Schulen und machten dann die Eltern zu aktiven Mitgliedern der Gemeinde. Heute sind die Armenier Anatoliens der dynamischste Teil unserer kleinen Gesellschaft. Leider kam dieses Engagement nach Patriarch

Kalustyan vollständig zum Erliegen. Das hat sicher auch mit politischen Problemen und wirtschaftlichen Engpässen unserer Zeit zu tun, doch auch für Khaçaduryan und Kalustyan war ihr Engagement sicher nicht leicht. Beide haben damals zusätzliche Ressourcen eingeworben, und Kalustyan war oft in der Diaspora, um die notwendigen Gelder zu sammeln.

Der eine oder andere meint, es gebe keine Armenier mehr in Anatolien, doch das ist keineswegs bewiesen. Zwar sind die allermeisten längst Muslime, doch gibt es sicher auch eine ganze Reihe, die ihre alte Identität erkannt haben, aber den Schritt, sie zu leben, bisher nicht getan haben. Auch auf die Frage, ob diese Gruppe Teil unserer Gemeinde ist, brauchen wir eine Antwort. Wichtig ist freilich, dass wir uns hier das Wort der Schrift zu Herzen nehmen, welches lautet: »Er starb und wurde auferweckt, er ging verloren und wurde gefunden.«

Mitten im Sumpf   *22. Dezember 2006*

Dass die Stiftungen der armenischen Gemeinde der Türkei heute vollkommen voneinander isoliert sind und unkoordiniert nebeneinander existieren, ist eine Folge staatlicher Politik. Zum Ende des Osmanischen Reiches hin verfügten die Armenier noch über eine zentrale Struktur, das war sogar verbrieftes Recht. Diese Struktur hielt sich mehr schlecht als recht bis 1960, dann wurde sie zerstört. Der Staat zerbrach den großen Eisbrocken, der nur sehr langsam schmelzen wollte, und machte eine Fülle von Eiswürfeln aus ihm, die sich viel schneller auflösen.

Heute wird jede Stiftung nur noch vom Staat kontrolliert, und die Gemeinde [als ganze] hat keinen Einfluss auf die Stiftung. Unter den Stiftungen herrscht große Konkurrenz, denn alle leben von den wirtschaftlichen und finanziellen Möglichkeiten aller Mitglieder der Gemeinde. Doch jede Stiftung gibt ihr Geld für sich allein aus, verhält sich eigennützig, Geld wird verschwendet und es kommt auch zu Korruption. Statt Ordnung herrscht das Chaos, und im Grunde macht jede Stiftung, was sie will.

Die staatliche Kontrolle ändert daran wenig. Das Generalstiftungsdirektorium prüft jährlich den Haushalt der Stiftungen und schaut sich dazu die vorgelegten Dokumente an. Als Lohn dafür zog der Staat früher fünf Prozent der Stiftungseinkünfte ein. Das führte dazu, dass die Stiftungsverwalter neben der offiziellen Buchhaltung eine schwarze Kasse führten. Die Gelder darin sollten ein Notgroschen für schlechte Zeiten sein.

Schwarze Kassen und Notgroschen öffneten dem Ämtermissbrauch Tür und Tor.

Selbst als der Staat von der Erhebung dieser fünf Prozent absah, wurden die schwarzen Kassen und der Notgroschen beibehalten, was in den Stiftungen noch mehr Misstrauen säte und ihr Ansehen häufig ruinierte. Die Stiftungen beschuldigten sich gegenseitig, trotz voller Kassen stets zu klagen und in den Jagdgründen der jeweils anderen zu wildern. Selbst als die wirtschaftliche Krise viele Stiftungen um den Notgroschen gebracht hatte, glaubte ihnen niemand, dass ihre Mittel tatsächlich erschöpft seien. Die schwarzen Kassen waren leer, Gerüchte jedoch gab es jede Menge.

An dieser unguten Konkurrenz hat sich bis heute nichts geändert. Es kann sich auch nichts ändern, denn alle Stiftungen leben vom Geld derselben Leute. Doch nun geht manchen Spendern die Luft aus. Die Konkurrenz der Stiftungen wird zu einem Gezänk, das die gesamte Gemeinde belastet.

Kurzum, wir stehen mitten im Sumpf, und Moral und Anstand sind so am Boden, dass manche Stiftungen einfach zusehen, wie andere verfallen. Ein Beispiel ist die Schließung unserer Schule in Topkapı. Wir stehen mitten im Morast, denn eine Stiftung hofft, dass sie vom Tod der anderen profitiert. Nur so ist es zu erklären, dass einflussreiche Leute in der Gemeinde heute sagen: »Wir haben zu viele Schulen, lasst uns die eine oder andere schließen!« Das kommt daher, dass zwar alle Stiftungen aus einer Quelle schöpfen, doch beim Ausgeben gemeinsame Interessen nicht beachtet werden. Gemeinsames Ausgeben fordert auch Transparenz, und Transparenz begrenzt die Pfründe.

Die Identität der Armenier

»Die vierte Generation meldet sich zu Wort.« So lautet der Bericht auf der letzten Seite unserer heutigen Ausgabe. Mit ihm wollen wir die Armenier der Türkei von der Diskussion in Kenntnis setzen, die seit geraumer Zeit in der Diaspora geführt wird. Ihr Thema: »Schutz der armenischen Identität«. Dabei geht es uns nicht nur um Information. Wir wollen dieses lebenswichtige Thema ins rechte Licht rücken und auch auf unsere Tagesordnung setzen. Egal ob unsere Auslandsarmenier den Namen Diaspora wirklich verdienen oder nicht, die Diskussion selbst ist für alle Armenier wichtig, auch für die, die in Armenien leben. Wenn wir Armenier wirklich entscheiden wollen, wie es weitergehen soll, dann dürfen wir uns einem solchen Prozess der Reflexion und Selbstkritik auf keinen Fall verschließen.

Es geht um viele Fragen. Zum Beispiel darum, in welchem Ausmaß wir bis heute unsere Identität haben erhalten können. Bilden die Auslandsarmenier eine echte Diaspora, die ihrer alten [und selbstverständlichen] Identität [im Heimatland] verlustig ging und die sich deshalb eine neue formen musste? Wie stehen die Chancen für die Zukunft? Können die Armenier ihre Identität in der Diaspora bewahren oder werden sie dort vollkommen assimiliert? Und was gehört zu dieser armenischen Identität, welche Werte gilt es zu schützen? Sind es Werte, die Antwort auf heutige Fragen geben? Ist ihre Zerstreuung über alle Welt eine Bedrohung für die Identität der Armenier oder bereichert sie sie gar? Erlaubt diese Identität eine Bezugnahme auf universelle Werte oder betont sie nur die eigene Besonderheit? Oder noch radikaler ausgedrückt: Müssen Armenier eine besondere Identität bewahren, um Armenier zu bleiben?

Seit circa hundert Jahren leben Armenier mit dem Gefühl innerer Unsicherheit. Denn bis vor kurzem war die Angst, dass die Armenier einfach verschwinden, gewissermaßen aussterben, sowohl in der Diaspora als auch in Armenien sehr präsent. In Armenien hatte der politische und kulturelle Druck der Sowjets nationales und religiöses Leben eingeschränkt. Die Armenier sorgten sich, dass Nationalität und Religion im Laufe der Zeit vergessen werden könnten. Die Armenier in der Diaspora dagegen fürchteten, sie könnten ihr Armeniertum mit der Anpassung an die Kultur der Gastländer verlieren.

Für die erste und die zweite Diasporageneration galt das noch nicht. Das Trauma, das sie erlebt hatten, reichte aus, ihre Identität aufrechtzuerhalten. Dafür brauchte es keine weitere Anstrengung. Das änderte sich aber in der dritten und ganz besonders in der vierten Generation. Zwar half weder die Welt, das Trauma von 1915 [für die Armenier] zu mindern, noch rührten die Verantwortlichen von damals auch nur einen Finger. Jedoch, die Zeit hat ihre eigenen Gesetze. Obwohl [die Erinnerung an] das Trauma weitergegeben wurde, setzte in diesen Generationen eine Erosion der Identität ein. Die Jugend wurde amerikanisch, französisch oder russisch und damit immer weniger armenisch. Gemischte Ehen nahmen zu, armenische Namen dagegen wurden seltener, zunehmend wurde die Sprache aufgegeben, und immer häufiger blieben die Kirchen leer. Letzteres galt besonders für Sowjetarmenien. Dort stand die Kirche unter dem Druck des atheistischen Regimes. Die Kirchenleitung konnte nur die Kirche selbst am Leben halten, ihr prägender Einfluss auf die Menschen war dahin. Dabei hatte die Kirche immer im Mittelpunkt des armenischen Lebens gestanden, weshalb die Schwächung der Kirche der Schwächung der armenischen Identität gleichkam.

Zur Rolle der Kirche   14. November 2003

Obwohl die Geschichte der Kirche nur 1 700 Jahre der 4 000 Jahre alten armenischen Geschichte umfasst, prägt sie bis heute die armenische Identität. Von der vorkirchlichen Zeit ist fast nichts mehr vorhanden. Was es aus dieser Zeit noch gibt, sind Bräuche, welche die Kirche dulden musste. Ansonsten hat die Kirche alle Reminiszenzen an das armenische Heidentum, seine Altäre, Göttergestalten und -figuren ausgemerzt. Was sie nicht ausmerzen konnte, hat sie in ihren Ritus integriert. Viele der Kirchenfeste, die wir heute feiern, sind dem Christentum angepasste heidnische Traditionen.

Außer der Kirche ist von der Geschichte der Armenier nur noch wenig übrig. Das sieht man an den historischen Zeugnissen, im Armenien von heute genauso wie im Armenien von gestern, d.h. in Anatolien. Es handelt sich um Kirchen und Kapellen, um Klöster und Grabsteine (Khatschkar). Und auch was die Museen in Armenien ausstellen, gehört zum allergrößten Teil zur Kirche. Das Gleiche gilt für Musik und Literatur, für Architektur und Malerei. Überall dort dreht sich fast alles um die Kirche, der ganze kulturelle Reichtum ruht bei ihr.

So stark ist der Einfluss der Kirche, dass, wenn armenische Identität Thema ist, wir heute noch – wie bei den Juden – von einer typisch nahöstlichen Nation sprechen, bei der Ethnizität und Religion ein und dasselbe sind. Mehr noch, für die Kirche reicht es nicht aus, Christ zu sein. Man muss der Armenischen Kirche angehören, die eine der alten orthodoxen Kirchen ist. Nach ihrem Gründer, dem Heiligen Krikor Lusavoritsch, nennt sie sich Lusavortschagan. Katholiken und Protestanten, die sich von der Mutterkirche trennten, wurden lange nicht als Armenier anerkannt und marginalisiert. Doch das gehört in jene Zeit, in der kein armenischer Staat existierte, und die Kirche quasi staatliche Aufgaben wahrnahm.

Davon ist heute nichts mehr übrig. Heute entsteht ein neuer Staat, und wir stehen am Anfang einer neuen Phase in der armenischen Geschichte. Die Republik Armenien hat den Anspruch, ein demokratischer und säkularer Staat zu sein. Das stellt die Kirche vor neue Herausforderungen. Ein Beispiel dafür sind die neuen Konfessionen, die heute in Armenien wie Pilze aus dem Boden schießen. Wenn eines Tages jemand sagt: »Ich bin Muslim, und ich bin trotzdem ein Armenier«, dürfen wir uns nicht wundern. Denn es gehört zu den Realitäten unserer Zeit, dass jeder seine armenische Identität selbst regelt und ausbalanciert.

Kurz und gut: Die Armenier bieten das Bild einer typisch nahöstlichen Nation. In ihrer Geschichte spielte die Religion bis zum letzten Jahrhundert eine zentrale Rolle. Danach waren die Religion und der Nationalismus deckungsgleich, und für die »Nationalkirche« waren Religiosität und Nationalbewusstsein fast dasselbe. Kein Wunder, dass das eine ohne das andre gar nicht zu haben war. Eines der Beispiele dafür ist der Krieg der Vartanyans (Vartanants Bederazm), den die Armenier kurz nach ihrer Christianisierung gegen die heidnischen Perser führten.

Unter den Armeniern wird dieser Krieg auf zweierlei Weise verstanden. Einmal, und das ist wohl das richtige Verständnis, als ein »Befreiungskampf des armenischen Volkes« gegen die Oberherrschaft der Perser. Zum anderen, wie die Kirche lehrt, als ein »Krieg zur Verteidigung des Christentums«. Doch welcher Meinung man sich auch anschließt, ganz sicher ist, dass dieser Krieg für die Armenier eine zentrale Rolle spielt. Die armenische Geschichte kennt eigentlich nur zwei Eckpunkte: die Katastrophe von 1915 und diesen Krieg aus dem Jahre 451. 1915 steht für das Leid und die Verfolgung, und 451 symbolisiert das Heldentum. Es gibt keine Nation des Nahen Ostens, die in ihrer Geschichte nicht auch diese beiden Eckpunkte hat: das Leid und die Verfolgung sowie das Heldentum.

Für die meisten von uns ist der Krieg der Vartanyans auch heute noch ein Religionskrieg, was den prägenden Einfluss unserer Kirche zeigt. Die Kämpfe, in denen sich die Armenier den feueranbetenden Persern widersetzten, sind einerseits das Material, aus dem das nationale Heldentum geschnitzt wird. Andererseits hat dieser Krieg die Kirche in das Zentrum armenischer Identität gerückt. Denn man ist damals lieber gestorben, als dass man seinen Glauben aufgegeben hätte.

Auch wenn die Kinder von Sankt Vartan den Krieg damals verloren haben, an ihre Heldentaten wird noch heute alljährlich und wie im Ritual erinnert. Alle Schulen in der Diaspora und in Armenien erklären an den Wänden ihrer Klassenräume auf einer Seite das Jahr 451 und auf der anderen das Jahr 1915.

Erst während des letzten Jahrhunderts entwickelte sich ein von der Kirche getrennter armenischer Nationalismus. Eine vollkommen »religionslose armenische Identität« dagegen ist das Produkt von 75 Jahren Sowjetherrschaft. Zwar hat sich der Historische Materialismus des Regimes sowohl gegen die Religion als auch gegen den Nationalismus der kleinen Völker gerichtet, doch waren diese Bemühungen zur Ausmerzung nur bei der Religion ziemlich erfolgreich, die Nationalismen überlebten. Und als die UdSSR zerfiel, führten nationalistische Bewegungen zum Entstehen unabhängiger Republiken.

Die Sowjetzeit brachte es mit sich, dass die Kultur der Armenier, ähnlich wie die Kultur der anderen Völker der UdSSR, neue Fundamente bekam. So stieg in dieser Zeit die Zahl der Intellektuellen, die sozialistisch, atheistisch und nationalistisch dachten. Die Schwächung der Kirche führte dazu, dass armenische Kunst erstmals areligiöse Werke hervorbrachte und mit universellen Werten und Maßstäben in Berührung kam. Zwar wurde die Kirche unterdrückt, doch armenische Kunst und Kultur konnten neue, universelle Wege gehen.

Die Mehrzahl der Armenier in Armenien lebt heute in Distanz zur Kirche. Die Geistlichkeit setzt alles daran, ihren früheren Einfluss aufs Neue zu gewinnen. Das ist verständlich, doch wird die alte Lage nicht wiederherzustellen sein. Das heißt, eine armenische Identität von heute braucht andere und neue Fundamente. Wenn man bedenkt, dass heute fünf der acht Millionen Armenier auf allen Kontinenten verstreut leben und ganz verschiedene Bindestrich-Identitäten[1] besitzen, und auch, dass viele Armenier in Armenien – obwohl das Land jetzt unabhängig ist – ihr Glück im Ausland suchen,[2] wird deutlich, dass die Anstrengung der Kirche, armenische Identität in den alten Grenzen zu definieren, ein hoffnungsloses Unterfangen ist. Religion und Nationalismus reichen nicht mehr zur Ausgestaltung unseres Selbstbildes. Wir müssen unsere Identität mit neuen Elementen anreichern und sie aufs Neue definieren.

---

1 Hyphenated identities wie französisch-armenisch, russisch-armenisch.
2 Vgl. dazu den Artikel »Von einer Gemeinde sprechen«.

Diaspora, das ist der Name für die Zerstreuung unseres Volkes auf dem Globus. Der Begriff weist außerdem noch darauf hin, dass diese Zerstreuung unseres Volkes aus seiner viele tausend Jahre alten Heimat Anatolien mit Zwang geschehen ist. Im Wort Diaspora bündelt sich die Vertreibung von der angestammten Heimat und die Verteilung der Menschen in alle Ecken dieser Welt. Zu dem Begriff Diaspora gehört auch, dass so einem Volk weitgehend fehlt, was generell zu einem Volk gehört: ein eigenes Territorium. Für die nationale Identität hat all dies fatale Folgen.

Für die Armenier ist es der Ararat,[2] der diese Verluste heute symbolisiert. Das Bild des Ararats steht für die Sehnsucht der Armenier nach dem verlorenen Territorium. Das ist nicht nur die Sehnsucht nach diesem Flecken Erde. Das Land rund um den Ararat symbolisiert gleichzeitig eine 4000 Jahre alte armenische Geschichte. Bereits bei Noah ist der Ararat der Drehpunkt jeglicher Existenz, die Brücke zwischen Vergangenheit und Zukunft. Das ist der Grund, weshalb viele von uns glauben, dass, wenn die Sehnsucht der Armenier nach dem Ararat erlischt, auch bald ihre Identität verfliegt. Das ist der Grund dafür, warum in jeder Schule, jeder Kirche und in jedem Verein sowie in vielen Wohnungen ein Bild des Ararats zu finden ist. Der Ararat klingt durch Gedichte und Lieder der Armenier. Und nicht nur die Armenier in Jerewan, die ihn mit bloßen Augen sehen können, fühlen sich diesem Berge nah, sondern auch alle Armenier in anderen Ecken dieser Welt.

Freilich muß man auch zugestehen, dass die Zerstreuung der Armenier und ihr Leben in der Diaspora nicht nur Folgen der Zwangsumsiedlung von 1915 sind. Denn die Hinwendung nach Westen hat bei den Armeniern viel früher eingesetzt als bei anderen nahöstlichen Gruppen, zum Beispiel den Muslimen. Sie begannen die Auswanderung nach Westen – meist aus wirtschaftlichen Gründen – bereits Anfang des 19. Jahrhunderts. Es war

---

1 Originaltitel: »Pratik kimliğin teorisi«
2 türkisch: ›Ağrı Dağı‹

armenisches Klein- und Großbürgertum, das zuerst nach West-
europa und Amerika ging und dort erste Gemeinden gründete.
Am Anfang dieser freiwilligen Auswanderung stand oft die
Missionierung Anatoliens durch Kirchen aus dem Westen.[1] So
kam es, dass es Anfang des 20. Jahrhunderts in Frankreich Gemeinden katholischer Armenier und in den USA Gemeinden
protestantischer Armenier gab.

Doch die armenische Wendung nach Westen hat noch andere Dimensionen. Zu ihr gehört auch, dass die Armenier die westliche Kultur in den Osten vermittelt haben. Ob bildende Kunst
oder Literatur, Musik oder Theater, Architektur oder Technolo-
gie, in allen Zweigen der Kultur waren Armenier die Vorreiter
von Neuerungen und brachten westliche Kultur auf osmanischen
Boden. Das lag nicht nur daran, dass die Armenier Christen waren. Ein wesentlicher Grund ist, dass die Armenier nicht nur
sesshaft, sondern auch städtisch waren und ihr Habitus am ehes-
ten mit dem westlichen Habitus vereinbar war. Diese Bereitschaft
der Armenier zur Übernahme von Kultur und zur Anpassung
führt heute dazu, dass sich in der Diaspora die armenische Identität aufzulösen droht. Ein Anzeichen dafür ist, dass die armenischen Mittel- und Oberschichten, sowohl in der Diaspora als
auch in der Türkei, ihre Kinder mit Vorliebe auf nichtarmeni-
sche Eliteschulen schicken.

Heute heißt Existenz in der Diaspora, dass circa fünf Millionen Armenier Bindestrich-Identitäten haben. Diese beiden Identitäten, z.B. sowohl US-Amerikaner als auch Armenier zu sein,
vertragen sich jedoch nicht immer und stehen oft im Konflikt
miteinander. Dabei steht die »alltägliche« Identität mit einer
»nichtalltäglichen« im Widerstreit.[2] Die alltägliche Identität ist
die täglich gelebte, die nichtalltägliche dagegen ist das Ideal, nicht

---

1 Mit zunehmender Schwäche musste das Osmanische Reich zulassen, dass
   primär englische, amerikanische, aber auch französische und deutsche Mis-
   sionare im Reich tätig wurden, die – nachdem ihre Bemühungen zur Bekeh-
   rung von Muslimen gescheitert waren – unter den autochthonen Christen
   des Reiches Proselyten machten.

2 Hrant Dink spricht wörtlich von einer »praktischen« und einer »theoreti-
   schen« Identität. Die »praktische« ist die alltäglich gelebte Identität, z.B.
   die US-amerikanische, die »theoretische« ist die armenische.

zu vergessen, dass man Armenier ist. Diese armenische Identität, das ist gewissermaßen das »alte« Selbstbild, an dem man fast nostalgisch hängt. Dabei steht »alt« hier [in der Biographie des Individuums] nicht für »zeitlich früher«, sondern für »kraftlos« und dafür, dass diese Identität keine große Wirkung entfaltet. Es ist keine Identität, die lebt, sondern eine, die am Leben gehalten werden soll. Das heißt, im Alltagsleben lebt sie nicht, sie lebt in vom Alltag getrennten Sonderräumen, und es bedarf gehöriger Anstrengung, damit sie – zumindest temporär – in diesen Sonderräumen weiterlebt.

Die nichtalltägliche Identität am Leben zu erhalten, ist das Ziel aller gemeinsamen Aktivität in der Diaspora. Der Erfolg dieser Bemühungen bemisst sich daran, wie sehr die nichtalltägliche Identität sich im Alltag bemerkbar macht. Aktivitäten wie der Besuch armenischer Schulen und Kirchen, Vereinsmitgliedschaft, Kulturabende, Musik, Folklore und Theater, aber auch Tanzparties für Jugendliche, all das stiehlt Zeit vom Alltagsleben, um die nichtalltägliche Identität zu erhalten. Zusammenfassend kann man deshalb sagen, dass die Diaspora der Ort ist, an dem die eine armenische Identität am Leben erhalten werden soll, während Armenien der Ort ist, an dem armenische Identität lebt.

Die Bedeutung »des Türken« für das armenische Selbstbild [1]
23. Januar 2004

In unserer Zeit geraten überall lokal und regional begrenzte Werthaltungen und Orientierungen unter den Einfluss globaler Entwicklungen und Lebensweisen, und es fällt deshalb generell sehr schwer, die eigene Identität auch nur ein Stück weit aufrechtzuerhalten. Die Diaspora wendet dafür sehr große Mühen auf. Natürlich hat sie spezifische Gründe, und sie verfügt über besondere Mittel und Instrumente.

Wenn von »Diaspora« die Rede ist, werden in der Regel zwei klassische Beispiele angeführt: die Juden und die Armenier. Beide sind Opfer eines Völkermords und haben deshalb einen ganz

---

1   Originaltitel: »Ermeni'nin ›Türk‹«

besonderen Grund für die Aufrechterhaltung ihrer kulturellen Existenz und ihrer eigenen Identität. Deshalb sollte ihnen die Menschheit für ihren Kampf darum besondere Rechte gewähren und Unterstützung angedeihen lassen.

Tatsächlich ist es den Juden gelungen, mit Hilfe solcher Unterstützung und viel Verständnis durch den Rest der Welt ihre Identität zu schützen, so sehr, dass sie ihrer religiösen Sonderrolle als »Gottes auserwähltes Volk« gewissermaßen eine weltliche Sonderrolle hinzufügen konnten. Für die Armenier jedoch gilt das in diesem Ausmaß nicht.

Die Sensibilität, welche die Welt den Juden aufgrund des Völkermords entgegengebracht hat, hat sie den Armeniern vorenthalten. Das hat dem Selbstwertgefühl der Armenier den schwersten Schlag versetzt. Sie fühlen sich zurückgesetzt und ungerecht behandelt und haben deshalb heute ihre Identität darauf gebaut, die Welt »zur Anerkennung dessen, was vorgefallen ist« zu zwingen. Im Mittelpunkt armenischer Identität steht heute das Beharren auf dieser Forderung.

Die ersten beiden Generationen der Diaspora richteten ihre Energie ausschließlich auf die Sicherung der eigenen Existenz und auf das Überleben ihrer Gruppe. Die dritte und vierte Generation jedoch richtet alle Anstrengungen darauf, die Welt zur Anerkennung dessen, was geschehen ist, zu bringen. Diese Seelenverfassung bildet heute den Grundstein armenischer Identität und sie ist gleichzeitig ein Instrument, diese Identität am Leben zu erhalten.

Doch nicht nur, dass die Welt noch immer nicht ganz anerkennt, was vorgefallen ist – das armenische Selbstwertgefühl wird auch und sehr ernsthaft deshalb verletzt, weil die Türken in dieser Sache überhaupt keinen Finger rühren. Vergleicht man in dieser Hinsicht die Lage der Armenier mit der Lage der Juden, fällt auf, dass die Juden auch deshalb zu ihrem Status fanden, weil die Deutschen, die Täter des Völkermordes an den Juden, sich offen zu ihrer Schuld bekannten. Das Volk der Juden konnte sein Trauma abschütteln, psychisch gesunden und kulturell [aufs Neue] tätig werden, weil die Deutschen ihre Schuld eingestanden und um Verzeihung gebeten haben. Bei den Armeniern jedoch hält das Trauma an, und dieses Trauma zehrt am armenischen Selbstwertgefühl und an der Identität dieses Volkes.

Jede Betrachtung des armenischen Selbstbildes muss [außerdem] miteinbeziehen, welche Rollen »der Islam« und »die Türken« darin spielen. Die Armenier lebten über eintausend Jahre lang mitten unter den Türken und Seite an Seite mit dem Islam. Das unterscheidet sie grundlegend von christlichen Völkern in Europa, welche primär als Christen unter Christen lebten. Für die christlichen Völker in Europa ist [religiöse und] kulturelle Vielfalt und das Zusammenleben mit Muslimen noch ein sehr neues Phänomen. Anders verhält es sich mit den christlichen Völkern des Nahen Ostens, Armenier, Syrier und Chaldäer, für die dieses Zusammenleben eine, manchmal gute, manchmal schlechte, Normalität war. Der Islam muss deshalb immer mitgedacht werden, wenn es um armenische Identität geht. Doch der eigentlich wichtige Faktor ist der Faktor »des Türken«. Er wirkt heute wie ein Karzinom auf das armenische Selbstbild.

Das Thema der türkisch-armenischen Bindung, Verwicklung und Abhängigkeit ist zu komplex, um mit zwei, drei Bemerkungen abhandelbar zu sein. Diese Beziehung währte über Jahrhunderte und sie brachte es mit sich, dass viele Elemente, die sonst die Identität eines Volkes bestimmen und es von anderen abgrenzen, zwischen Türken und Armeniern ausgetauscht worden sind. So dicht lebten die beiden Völker miteinander, dass die Zerstörung der Beziehungen von beiden Seiten als ein »Verrat« bezeichnet worden ist. Für die Türken haben die Armenier, die den Türken die »treue Nation« waren, [am Reich] Verrat geübt,[1] und die Armenier sagen, was 1915 geschehen ist, war nicht nur die vollständige Vernichtung eines Volkes, sondern Verrat an einer tausendjährigen Beziehung.

Heute ist der Blick der Türken auf die Armenier und der Blick der Armenier auf die Türken, jeder für sich, ein Gegenstand für psychiatrische Studien. Die Armenier leiden an einem Trauma, die Türken plagt eine Paranoia. Vielleicht können die Türken diese psychische Krankheit überwinden, ohne sich mit der Ursache der Krankheit zu beschäftigen. Die Armenier können es nicht.

---

1 Bei den Osmanen galten die Armenier als »Millet-i Sadıka«, die »treue Nation«, und zwar weil diese im Gegensatz zu anderen christlichen Völkern sehr lange keine Nationalbewegung hervorgebracht hatten.

Und solange die Türken keine Empathie dafür zeigen, was 1915 für die Armenier bedeutet, bleiben die Armenier in dieser psychischen Zwangslage gefangen. Das heißt, »der Türke« ist sowohl das Gift als auch das Gegengift für die Verletzung des armenischen Selbstwertgefühls. Deshalb lautet die eigentlich wichtige Frage: Gelingt es den Armeniern, sich von »dem Türken« frei zu machen oder nicht?

Die Befreiung des armenischen Selbstbilds vom »Türken«
30. Januar 2004

Es gibt zwei Wege, das Selbstbild der Armenier von [der Wirkung] des Türken zu befreien. Der eine Weg kann nur beschritten werden, wenn die Türkei, als Staat und als Gesellschaft, für die Armenier Empathie entwickelt und unmissverständlich deutlich macht, dass sie den Schmerz der armenischen Nation teilt. Ein solcher Schritt kann – nicht sofort, aber im Laufe der Zeit – dazu führen, dass die Armenier sich ein Selbstbild bauen, für das sie »den Türken« nicht länger brauchen. Leider ist mit dieser Alternative in nächster Zukunft nicht zu rechnen. Der zweite Weg ist nur dann gangbar, wenn die Armenier selbst beschließen, für ihr Selbstbild fortan ohne »den Türken« auszukommen. Weil diese Alternative nur den Willen und die Entscheidung der Armenier braucht, ist ihre Umsetzung viel leichter möglich. Das ist der Weg, den wir beschreiten sollen.

Der Schlüssel zum Erfolg liegt darin, dass die Armenier die Verhältnisse aus neuem Blickwinkel betrachten, zum Beispiel das Jahr 1915. Die Armenier der Welt wissen sehr wohl um das Drama von 1915. Ihre Wirklichkeit hängt überhaupt nicht davon ab, dass die Türkei oder die Welt ihre Sichtweise übernehmen. Denn der Name für das Geschehen ist im Gewissen der Armenier seit jenen Tagen wie in Stein eingemeißelt. Deshalb darf seine Anerkennung durch Dritte und gar durch die Türkei nicht das einzige Ziel für die Armenier sein. Ganz im Gegenteil: Es ist Zeit, jeden mit seinem Gewissen oder seiner Gewissenlosigkeit allein zu lassen.

Denn wer auch immer das, was geschehen ist, anerkennt oder

nicht, er tut das stets vor seinem eigenen Gewissen. Und das Gewissen eines jeden hat letzten Endes seinen Halt in unserem gemeinsamen Menschsein. Wer die geschichtliche Realität nicht anerkennt, stellt sich ein Stück weit außerhalb der Menschheit. Es war ein Fehler der Armenier, ihr Selbstbild und ihre Identität so lange an die Anerkennung des Völkermords durch Franzosen, Deutsche oder Amerikaner und vor allem durch die Türken zu binden. Es ist allerhöchste Zeit, von diesem Fehler abzulassen. Dazu gehört, »den Türken« aus seiner alles entscheidenden Rolle für das Selbstbild und die Identität der Armenier zu entlassen. Die Armenier haben an alledem lange genug gelitten. Nun soll der Rest der Menschheit an dieser Frage leiden.

Die Armenier haben viel Zeit damit verloren, ihr Selbstverständnis und ihre Identität nur über ein negatives Türkenbild finden zu wollen und ihre ganze Energie nur auf das Ziel zu richten, die Welt möge die Türken zwingen, den Völkermord anzuerkennen.

Stattdessen sollten die Armenier ihre Identität in Zukunft mit solchen Konzepten und Begriffen bauen, die diesem Volk seine Fähigkeiten und seine schöpferischen Kräfte wiedergeben. Doch dazu ist folgende Haltung nötig: »Wir tragen unser Los in Ehren und wenn es sein muss bis zum Jüngsten Tag.« Solange wir uns eine solche Haltung nicht aneignen, bleiben wir stets daran gefesselt, dass andere die Wahrheit anerkennen, und das ist eine böse Falle.

Diejenigen irren sich gewaltig, die glauben, die armenische Identität breche zusammen, wenn sie sich nicht mehr auf »den Türken« gründet und die meinen, die armenische Diaspora liefe dann auseinander. Denn es gibt heute ein neues Fundament für armenisches Selbstbewußtsein, welches diese Leerstelle leicht ausfüllen und unser Selbstbild noch viel lebendiger gestalten kann: die Existenz der Republik Armenien. Noch vor nur 15 Jahren gab es diesen Anlass für freudige Erregung nicht, der heute in der Lage ist, die zentrale Rolle in der armenischen Identität zu spielen. Wenn die Armenier auf der Welt sich darauf konzentrieren, für die Wohlfahrt dieses kleinen Staates und für das Glück seiner Menschen zu sorgen, ist dies das beste Zeichen für die Gesundung ihres Selbstbilds.

Es ist sehr einfach, das Selbstbild der Armenier vom Einfluss »des Türken« zu befreien. Wir müssen nur aufhören, »den Türken« weiterhin zu bedrängen. [Wir brauchen ihn nicht mehr], denn eine neue Quelle für unser Selbstbild steht bereit: die Republik Armenien.

Die Diskussion mit der Diaspora

Wenn ihr eine Identität habt, habe ich drei!   29. März 2002

Jahrzehntelang beweinten sie den Baum, den andere dicht an der Wurzel fällten. Jahrzehntelang vergossen Mütter und Väter ihre Tränen, ganz so, als wollten sie den Stumpf noch einmal neu beleben. Andere scharrten derweil mit Zweigen in der Erde, ob sie nicht doch noch einen Sprössling fänden. Und als die Hoffnung am Versiegen war, tauchte der lang gesuchte Sprössling auf: In unserem Fall ist das die neue Republik Armenien.

Diesen Sprössling zu schützen und zu pflegen ist jetzt die Aufgabe eines jeden Armeniers, egal ob er dort lebt oder in der Diaspora. Auch wir, die Armenier in der Türkei, tragen dazu unseren Anteil bei.

Genau in diesem Bewusstsein führte ich in den letzten beiden Wochen, die ich in den Vereinigten Staaten sowie in Kanada mit Armeniern der Diaspora verbrachte, auf den Veranstaltungen, auf denen ich das Wort ergreifen konnte, folgendes aus:

»Ich habe drei Identitäten und bin mir aller drei bewusst. Zum Ersten bin ich Staatsbürger der Türkei. Zum Zweiten bin ich Armenier, der in Anatolien lebt. Zum Dritten fühle ich mich auch der Republik Armenien verpflichtet, denn ihre Menschen sind meine Landsleute. Egal welche Seite meiner Identität Ihnen [den Zuhörern] wichtig scheinen mag, für mich erwächst aus allen dreien ein und dieselbe Aufgabe: dafür zu arbeiten, dass Armenien und die Türkei ihre Beziehungen verbessern und dafür, dass es zwischen Türken und Armeniern zu einer Normalisierung kommt.

Fangen wir mit meiner ersten Identität an: Als Staatsbürger der Türkei ist es mein größter Wunsch, dass mein Land mit seinen Nachbarn gut auskommt. Doch herrscht, was die Nachbarn betrifft, in der Türkei seit Gründung der Republik eine Art Paranoia, die einen entsetzlich flachen Nationalismus schürt, welcher verhindert, dass Demokraten an die Regierung kommen und der alle Entwicklungen blockiert. [Eine behauptete] Bedrohung durch die Nachbarstaaten rechtfertigt gleichzeitig, dass große Teile der Ressourcen in die Verteidigung gesteckt werden, obwohl sie dringend für Bildung, Gesundheit und Wirtschaftsentwicklung gebraucht würden. Einer dieser Nachbarn ist jetzt die Republik Armenien; mit ihr gibt es nicht einmal einen offenen Grenzübergang und keine diplomatischen Beziehungen. Mich dafür einzusetzen, dass das anders wird, ist meine erste Pflicht.

Zu meiner zweiten Identität, zu meiner Rolle als türkischer Armenier: Denken wir uns Armenien als einen Fluss, sind wir wie viele kleine Seen, die austrocknen, wenn sie von ihm getrennt sind. Wenn die Türkei und Armenien erst einmal gute Beziehungen haben, schlägt sich das auch und primär im kulturellen Austausch nieder. Der kulturelle Kreislauf, der dann entsteht, erlaubt uns türkischen Armeniern, unsere Kultur und unsere Identität zu sichern und weiterzuführen. Dann muss keiner mehr fürchten, dass wir am Ende sind und unsere Gemeinde sich in alle Himmelsrichtungen zerstreut.

Zum Dritten, dazu, dass wir alle Sprösslinge eines armenischen Baumes und die Bürger Armeniens unsere Landsleute sind. Das hört nicht jeder gerne, und manchmal wird es nur hinter vorgehaltener Hand gesagt. Dabei steht unsere Verpflichtung für Armenien in keiner Weise in Widerspruch dazu, dass wir auch Bürger eines anderen Staates sind und fordert nicht, dass wir unseren Staatsbürgerpflichten nicht nachkommen oder sie gar verraten würden. Dass ich Staatsbürger der Türkei bin, ist doch kein Hindernis dafür, dass ich mich dafür einsetze, dass es meinen Landsleuten, die in Armenien wohnen, besser geht. Ich will doch nur, dass Armeniens Zukunft gesichert ist und es mit seinen Nachbarn in Einvernehmen lebt. Wie kann Armenien sicher sein, solange es mit zwei seiner Nachbarn, Aserbaidschan und Türkei, im Streit liegt. Wie kann es da seine knappen Ressourcen statt für Verteidigung für Wohlstand und Entwicklung einsetzen?

Der türkisch-armenische Dialog hat noch eine ganz andere Dimension, die heute utopisch erscheinen mag. Was würde ich nur dafür geben, dass sie Wirklichkeit wird! Deshalb stelle ich der armenischen Diaspora immer die gleiche Frage: »Was ist uns wichtiger, die Demokratisierung der Türkei oder ihre Anerkennung des Völkermords?« Eine demokratische Türkei, die Mitglied der Europäischen Union ist, ist gleichzeitig auch Antrieb für eine Mitgliedschaft Armeniens. So betrachtet, hat das Schicksal uns untrennbar verbunden.

Aus allen diesen Gründen will ich, dass sich das türkisch-armenische Verhältnis endlich normalisiert. Wenn andere dafür nur einen Grund haben, habe ich dafür gleich drei. Doch leider gibt es immer noch viele, die gar nicht gemerkt haben, dass jetzt ein neuer Sprössling da ist, und die noch immer am Stumpf des abgesägten Baumes weinen. Sie wissen nicht, dass, wenn sie ihre Tränen der Trauer in Freudentränen verwandeln und wenn sie diese Tränen statt auf den Stumpf jetzt auf den Sprössling gießen, er ihnen Segen bringen wird.

Den Schmerz ernsthaft und mit Würde auf sich nehmen
5. April 2002

Mein größter Wunsch ist es, dass bei der Zusammenkunft der armenischen Diaspora mit den Armeniern im Mai in Jerewan das Thema Völkermord nicht mehr Raum einnimmt als notwendig. Besonders, dass in letzter Zeit überall auf der Welt Parlamente gedrängt werden, den Völkermord anzuerkennen, geht mir gewaltig auf die Nerven. Richtig schlecht wurde mir, als ich las, dass sich das Parlament der Schweiz mit der Frage beschäftigt hat, ob die assyrischen Christen einen Völkermord erlebt haben oder nicht. Die Schweizer haben abgelehnt, einen solchen Beschluss zu fassen, und es heißt, sie würden es bereuen, dass sie vor zwei Jahren den »Völkermord an den Armeniern« anerkannt haben. Ich weiß nicht, wie es Ihnen geht, ich finde das ganz unerträglich. So sind die Fremden eben. Heute erkennen sie etwas an, weil es ihnen in den Kram passt und morgen nicht mehr, weil es ihre Interessen stört. Da frage ich mich doch: Was hat denn meine geschichtliche Realität damit zu tun, ob diese Leute irgendetwas anerkennen oder nicht?

Seit einigen Jahren verfolge ich [die Gedenkfeiern zum] 24. April in Armenien live am Fernseher.[1] Die Leute dort steigen an diesem Tag still zum Mahnmal von Dzizernagapert hinauf, le-

---

1 Am 24. April 1915 nahm die osmanische Polizei circa 220 führende Armenier Istanbuls fest. Der Tag gilt als Beginn der Massaker an den Armeniern, an das jedes Jahr an diesem Tage erinnert wird.

gen ihre Nelken vor den brennenden Fackeln nieder, bekreuzigen sich und gedenken in Ernst und Würde jener, die sie während dieser schrecklichen Ereignisse verloren haben. Keine Spur von Aufregung oder politischen Parolen. Auch in der Diaspora gibt es an diesem Tag Kundgebungen, aber ganz anderer Art. Da werden Fahnen verbrannt, Parolen gerufen und Transparente entrollt. Das sind alles Armenier, die in Armenien und die in der Diaspora. Aber bei diesem Thema reagieren sie völlig unterschiedlich. Die einen sind angespannt und überaus erregt, die anderen sind ernst und würdig. An diesem Tag fühle ich mich mit den Leuten in Armenien eins. Ich greife hier zu dieser Gegenüberstellung, damit die Haltung, die ich »den Schmerz in würdevollem Ernst auf sich nehmen« nennen möchte, noch deutlicher hervortritt, und rufe alle Armenier auf, diese Haltung zu übernehmen.

Brauchen wir Parlamentsbeschlüsse aus den verschiedensten Ecken der Welt, die doch stets auch verlogen wirken, um unseren Schmerz in Würde anzunehmen? Wird das, was wir wissen, wirklicher, wenn andere es anerkennen? Stärkt es unseren inneren Frieden, wenn unsere Wirklichkeit zum Spielball ihrer Ungnade oder Gnade wird? Kann ihr verrostetes Gewissen denn Trost für unsere Herzen sein? Lasst uns mit diesem Spiel aufhören. Lasst ihnen ihr verrostetes Gewissen und lasst uns unsere Wirklichkeit. Befreien wir unseren fast hundert Jahre alten Schmerz doch aus den Händen dieser Leute. Lassen wir sie mit dem Problem allein, ob oder was sie anerkennen, und lassen wir nicht länger zu, dass unser Schmerz tagespolitisch ausgebeutet wird; nicht von Armeniern, nicht von Türken und auch von niemandem sonst. Wir sind die Enkel jener Menschen [die damals umgekommen sind] und sollten Schluss mit dieser Ungeheuerlichkeit machen. Nehmen wir unseren Schmerz in würdevollem Ernst an und tragen ihn, wenn es denn nötig ist, bis zum Jüngsten Gericht.

Ich spreche seit einiger Zeit davon, dass wir Armenier neue Begriffe und Sichtweisen brauchen. Es geht dabei meist um Begriffe, die uns wie »Ernst und Würde« eigentlich gar nicht fremd sind. Wir haben sie im tiefsten Innern, doch kehren wir sie nicht in überlegter Form nach außen, und sie bestimmen auch nicht, was wir tun. Unsere Schwäche führt dazu, dass die von anderen vorgebrachten Konzepte wie »Rache, Boden« und »Entschädigung« unsere eigenen Konzepte überlagern. Und jeder Nicht-Armenier denkt, das sei die ganze Wirklichkeit der Armenier auf dieser Welt.

Zum Beispiel die Forderung nach Land und Territorium. Wie lange noch wollen wir zulassen, dass unsere Stimme an solch einem falschen Heldenton erstickt? Oder die Forderung danach, dass materiell entschädigt wird. Was kosten denn die Seelen unserer Großmütter und Großväter? Man stelle sich nur vor, es würde jetzt bezahlt und aufgetischt. Wer von uns brächte denn einen Bissen hinunter? Allein daran zu denken, bereitet mir tiefen Ekel.

Wir sollten die Zukunft der Armenier in ganz anderen Begriffen denken und gestalten, welche die abgestorbenen Fähigkeiten dieses Volkes erneut und schnell zum Blühen bringen. Deshalb müssen Haltungen wie »den Schmerz in Ernst und Würde auf sich nehmen« und »sich nicht von den eigenen Ängsten ins Bockshorn jagen lassen« ganz schnell Wirklichkeit werden. Denn andernfalls fahren wir damit fort, unsere Wirklichkeit von der Gnade der anderen zur Anerkennung abhängig zu machen, was uns die eigenen Hände bindet.

Nur miteinander reden schafft Verständnis　　19. Mai 2006

Letzte Woche wurden zwischen mir und einigen bekannten französischen Armeniern harte Worte ausgetauscht. Man merkte, dass die Erklärung, die wir in der Zeitung Liberation veröffentlicht hatten und die von acht Freunden unterschrieben worden war, gehörigen Ärger ausgelöst hat. Unsere dort formulierten Thesen wurden als »ein tödlicher Schlag« bezeichnet. Einer der französischen Armenier meinte gar: »Eure Erklärung hat einen Keil zwischen uns getrieben, wie es all der wirtschaftliche und politische Druck der Türkei nicht vermocht hat. Falls dieses Gesetz nicht verabschiedet wird, ist das zu einem großen Teil euch zuzuschreiben.«[1]

1　2001 hat das französische Parlament einen Beschluss gefasst, in dem es die Gräuel an den Armeniern als »Völkermord« anerkannte. Am 12. Oktober 2006 wurde die Leugnung des Völkermords unter Strafe gestellt.

Ich persönlich hoffe, dass dieses Gesetz zu dem Zeitpunkt, da Sie diese Zeilen lesen, noch nicht verabschiedet ist und – mehr noch – dass es niemals Wirklichkeit wird. Denn ich will nicht, dass die armenische Gemeinschaft zum Opfer eines falschen politischen Spiels wird. Wenn dieses Gesetz erst einmal gilt, dann werden die Leugner [des Völkermords], die heute in den Augen der Öffentlichkeit im Unrecht sind, erst zu Benachteiligten, und später glaubt man dann, dass sie vielleicht sogar im Recht sind, und das nur deshalb, weil sie ihr Recht auf freie Meinungsäußerung nicht ausüben können. Sicher muss man verstehen, in welcher Gemütsverfassung die Armenier sind, die heute so weit sind, anderen das heilige Recht auf freie Meinungsäußerung zu beschneiden. Denn die Armenier fragen sich zu Recht, warum die Öffentlichkeit, welche die Leugnung des Völkermordes an den Juden unter Strafe stellt und dabei die Einschränkung der Meinungsfreiheit nicht problematisiert, bei der armenischen Tragödie anders verfahren will. Sie revoltieren gegen eine doppelte Moral.

Ich teile diese Doppelmoral nicht und sage klipp und klar, dass freie Meinungsäußerung für mich der Grundstein der Menschenrechte und universellen Prinzipien ist, ohne die die anderen Freiheiten nicht viel Sinn haben. Der Kampf gegen alle Formen von Verbrechen gegen die Menschlichkeit, einschließlich des Holocausts, muss ohne Einschränkung der Meinungsfreiheit geführt und gewonnen werden. Es ist doch offensichtlich, dass die Beschneidung der Meinungsfreiheit in diesem Kampf kein wirksames Mittel ist. Wäre es das, gäbe es heute in Deutschland keine Neonazis. Und genauso offensichtlich ist, dass das Verbot, den Holocaust zu leugnen, zwar die Opfer des Holocausts schützt, aber gleichzeitig nicht verhindern kann, dass andere »Andere« zum Ziel rassistischer Haltungen und Handlungen werden.

Was tun? Sollen wir abwarten, bis auch andere Gruppen niedergemacht werden, und dann auch für sie [für ihr Andenken] die Meinungsfreiheit einschränken? Nein, das ist der falsche Weg, der Kampf gegen Völkermord darf nicht auf Kosten der Meinungsfreiheit gehen. Ganz im Gegenteil, solange solche Gedanken [der Leugnung und des Rassismus] in den Köpfen der Menschen eingesperrt sind, finden darin keine neuen Gedanken Platz.

Anders ausgedrückt, nur miteinander reden schafft Verständnis.

Ich habe deshalb den Armeniern in Frankreich gesagt: »In den letzten Jahren seid ihr zum ersten Mal ganz dicht, in eurem eigenen Lebensumfeld, mit den Leugnern konfrontiert worden. Ihr habt zum ersten Mal Demonstrationen erlebt, auf denen geleugnet wurde, was geschehen ist, das war euch unerträglich.[1] Doch wir Armenier der Türkei erleben das seit Jahren. Wenn es damit nur sein Bewenden hätte! Heute drängt man unseren Kindern in unseren eigenen Schulen diese Haltung auf.[2] Wie halten wir das aus? Sind wir vielleicht weniger sensibel als ihr es seid? Oder seid ihr ganze Armenier und wir sind nur halbe? Wir in der Türkei haben gelernt, dass, wenn das Schweigen zum Tabu wird, die Demokratie in der Freiheit der Meinungsäußerung liegt. Wir haben auch gelernt, dass jeder unwahre Diskurs zu seiner eigenen Hinterfragung drängt. Über das Leugnen lernen die Menschen das Zugeben. Ich weiß, dass wir heute diejenigen nicht überzeugen können, die für das Gesetz zur Einschränkung der Meinungsfreiheit sind. Ich will es nicht hoffen, aber ich fürchte, dass sie die Nachteile dieses Gesetzes erst einsehen, wenn es in Kraft ist. Ich hoffe, dass es dann nicht zu spät ist.

1 Türkische Demonstrationen in Paris und in den USA.
2 Vgl. dazu: »Was hat sich letztes Jahr geändert?«

Meine Seelenverfassung   *5. Juni 1998*[1]

Ich bin ein Bürger der Türkei und gehöre zu diesem Land, ich bin Armenier, und ich bin bis auf die Knochen Anatolier. Nicht einen Tag hab' ich mir überlegt, aus meinem Land zu gehen und mich im Westen einzurichten, in diesem fertigen Freiheitsparadies; mich wie ein Blutegel in einer Demokratie einzunisten, die andere unter vielen Mühen errichtet haben. Ich hab' mit meinem Land geweint, als es wegen Sivas in Tränen ausgebrochen ist.[2] Und als mein Land mit kriminellen Politikbanden gerungen hat, rang ich mit. Ich will und kann mein Schicksal nicht vom Kampf für mehr Freiheit in diesem Lande trennen. Für die Rechte, die ich genieße, habe ich einen Preis gezahlt, und für die Rechte, die ich will, zahle ich diesen Preis noch heute. Doch es geht mir ganz furchtbar auf die Nerven, wenn die Presse ganz ungeniert von »unseren Armeniern« spricht, oder wenn andere, mit dem Finger auf uns zeigend, noch immer von »Verrätern in den eigenen Reihen« faseln. Ich hab' sowohl diese erdrückende Umarmung satt als auch die ständige Ausgrenzung, will einfach ein Gleicher unter Gleichen sein.

Ich konnte bisher weder am 24. April[3] auf die Straße gehen, noch konnte ich zum Andenken meiner Väter ein Denkmal errichten. Doch weder hab' ich sie in der Geschichte vergraben, noch hab' ich sie vergöttert. Ich habe vielmehr mein Leben ihrem Leben gewidmet. So sehr ich es vermochte, hab' ich meine Zukunft mit ihnen verbunden. Wer oder was auch immer mich

---

1 Leicht gekürzt erneut veröffentlicht am 1. November 2004 in der linken Tageszeitung Bir Gün.

2 In der anatolischen Stadt Sivas kamen im Juli 1993 35 Menschen, meist alewitische Schriftsteller und Musiker um. Ein islamistischer Mob hatte das Hotel angezündet, in dem die Teilnehmer eines alewitischen Kulturfestivals untergebracht waren. Der Staat verweigerte stundenlang Rettungs- und Hilfsmaßnahmen.

3 Am 24. April 1915 nahm die osmanische Polizei circa 220 führende Armenier Istanbuls fest. Der Tag gilt als Beginn der Massaker an den Armeniern, woran jedes Jahr an diesem Tag erinnert wird.

daran hindern wollte, hat meinen Widerstand erfahren. Was glaubt ihr denn, natürlich weiß ich, was meinen Vätern widerfahren ist. Ich weiß von dem, was einige von euch als Völkermord, andere als Massaker bezeichnen und wieder andere nur Umsiedlung oder Tragödie nennen. Die alten Leute in Anatolien sagten dazu Gemetzel. Für mich ist es ein riesiger Zusammenbruch. Ich weiß, wenn er nicht gewesen wäre, dann wäre mein Land heute viel lebens- und beneidenswerter. Das ist der Grund, weshalb ich die verfluche, die den Zusammenbruch befahlen, und die, die ihn ausführten. Doch gilt mein Fluch nur der Vergangenheit. Sicher, ich forsche nach allem, was damals vorgefallen ist, doch der Hass jener Tage, den lass' ich lieber tief in der Geschichte und will ihn niemals kosten.

Es stößt mir übel auf, wenn heute in Europa und in Amerika andere aus meiner Geschichte, meinen Problemen so billig Kapital schlagen. Ihre Bruderküsse erscheinen mir zudringlich und fast wie Vergewaltigung. Die Richterpose der Imperialisten, die meine Zukunft in der Vergangenheit ertränken wollen, hat etwas Niederträchtiges. Ich kann sie nicht mehr akzeptieren. Es sind doch diese Richter, die in der Vergangenheit die Diktatoren waren, die in ihren Arenen die Völker wie Gladiatoren aufeinanderhetzten, dem Kampf mit Speichel im Mund zusahen und den Sieger aufforderten, den Unterlegenen zu töten. Es waren doch die Vorfahren dieser Richter, die damals, als sie bei Nacht und Nebel aus Adana und anderen Städten flohen, die Hufe ihrer Pferde mit Filz umwickelt hatten, damit die Armenier nur ja nichts mitbekamen.[1] Das ist der Grund, weshalb ich heute weder die Richterschaft von einem dieser Staaten noch die von einem ihrer Parlamente anerkennen kann. Für mich wiegt das Gewissen der Völker viel schwerer als das Gewissen der offiziellen Politik.

Wichtig ist mir, dass ich mit meinen Freunden hier in der Türkei über unsere gemeinsame Geschichte ausführlich, und ohne

---

1 Hier ist von der türkisch-französischen Verständigung vom Frühjahr 1920 die Rede, aufgrund derer sich Frankreich gegen die Zusage ökonomischer Kooperation aus Kilikien (Südanatolien, die Region Adana) zurückzog, wo armenische Verbände mit den Franzosen zusammen gegen die junge türkische Nationalregierung gekämpft hatten.

Feindschaft hervorzurufen, sprechen kann. Ich glaube fest, dass dies eines Tages alle Armenier mit allen Türken können werden. Ich sehne mich danach, dass eines Tages auch die Türkei und Armenien in diesem Sinne miteinander reden und ihr Verhältnis ordnen werden. Dann wende ich mich den Fremden zu, die das alles nichts angeht, und sage ihnen: Macht euch aus dem Staub!

Das alles ging mir durch den Sinn, als ich am 30. Mai 1998 den Stellvertreter unseres Patriarchen in der Marienkirche im Stadtteil Kumkapı gesehen habe, wie er vor Journalisten und Fernsehleuten hilflos stand und zu erklären versuchte, dass unsere Gemeinschaft in Istanbul den Übereifer Frankreichs[1] in der Armenierfrage in keiner Weise schätzt.

Ein Rat von einem, der Bescheid weiß   *28. Februar 2003*[2]

Ob man will oder nicht, das, was zur Zeit passiert, erinnert ganz fatal an die Zeit vor dem Ersten Weltkrieg. Es war die Zeit, da Sultan Abdülhamid II.[3] seine Tyrannei auf die Spitze trieb, als es in fast jeder Ecke des Osmanischen Reichs zu Unruhen und ethnischen Aufständen kam und sich ganze Regionen vom Reich trennten. Es war die Zeit, in der die westlichen Imperialisten Bündnisse zur Besetzung des Reiches schmiedeten und die christlichen Völker Anatoliens, die lange gut Freund mit den Osmanen gewesen waren, auf sie als ihre Retter hofften. Am stärksten aber war die Hoffnung der Armenier Anatoliens. Mein Gott, wie sehr das alles heute an diese Zeit erinnert, wie sehr ich in den Kurden heute die Armenier von damals sehe.

Es gilt, die armenischen Quellen sehr aufmerksam zu lesen. Damals gab es die Daschnak, die Hinschak und die Ramgavar.[4]

---

1 Vgl. dazu den Artikel »Nur miteinander reden schafft Verständnis«.
2 Geschrieben wenige Tage vor der Besetzung des Irak durch die USA.
3 Der letzte mächtige Sultan der Osmanen, der die Verfassung aufhob, diktatorisch regierte, eine panislamische Politik betrieb und gleichzeitig die institutionellen Grundlagen für die Modernisierung der Türkei legte.
4 Armenische Parteien, gegründet in Georgien, Russland und dem Osmanischen Reich.

Die einen hofften auf die Russen, die anderen auf die Engländer. Die demokratischen Ramgavar dagegen sagten: »Das ist der falsche Weg, wir müssen auf die eigene Kraft vertrauen. Die Rettung liegt nicht in der Lossagung von den Osmanen, sondern in der Aufrechterhaltung der Einheit und der Erlangung der Freiheit in ihr.« Sie konnten sich nicht durchsetzen. Es war die Zeit, als die Vernunft sich außer Landes begab. Mein Gott, wie sehr das heute alles an die Zeit erinnert, wie sehr ich in den Kurden heute die Armenier von damals sehe.

Seit Jahren quält Saddam [Hussein] das irakische Volk bis aufs Blut. Die Leute verschanzen sich entlang ethnischer Fronten. Das sind ideale Bedingungen für England und die USA, die sich in der Region einnisten wollen. Seit langem versammeln die USA – mal in Europa mal in Nordamerika – Oppositionsführer und Ethnarchen aus dem Irak und lassen sie Pläne zum Sturz von Saddam schmieden. Jetzt geht es an die Ausführung, und überall heißt es, nach Saddam Hussein gibt es für alle Freiheit und für alle Demokratie. Gerade so, als würden die USA den unterdrückten Völkern Freiheit bringen. Mein Gott, wie sehr das heute alles an diese Zeit erinnert, wie sehr ich in den Kurden heute die Armenier von damals sehe.

Vor Hunderten von Jahren hofften die Armenier auf das Bündnis mit Engländern und Franzosen. Heute hoffen die Kurden auf das Bündnis mit England und den USA. Das Spiel, das man damals auf osmanischem Boden trieb, wird heute auf irakischem Boden aufgeführt. Und überall heißt es, unsere westlichen Freunde kommen und retten uns vor Unterdrückung. Mein Gott, wie sehr das heute alles an diese Zeit erinnert, wie sehr ich in den Kurden heute die Armenier von damals sehe.

Ach Freunde, ihr überseht leider etwas: Keiner dieser Imperialisten rettet ein Volk, weil er es gerne mag. Alle denken an ihren eigenen Vorteil. Wenn die Imperialisten ein Volk nicht weiter brauchen können, verraten sie es auf der Stelle. Sie lassen euch dann in den Händen von Saddam, vor dem sie euch doch retten wollten. So ging es jedenfalls den Armeniern vor circa hundert Jahren, und ihr Ende war schrecklich. Nicht nur Erwartungen wurden damals enttäuscht, sondern ein Volk, das bis dahin trotz aller Widrigkeiten auf eigenen Füßen stand, wurde fast völlig vernichtet, und die Spuren seines Lebens in Anatolien wurden völlig verwischt. Mein Gott, wie sehr das heute alles an diese Zeit erinnert, wie sehr ich in den Kurden die Armenier von damals sehe.

Kurdischer Bruder, das Beste ist, du holst dir Rat bei einem, der es weiß, zum Beispiel hier, bei deinem armenischen Bruder. Glaub' nicht, dass die Kriegsstimmung in jedem Fall zu deinem Vorteil ist. Vergiss nicht, dass in solchen Zeiten gern alte Rechnungen beglichen werden und manche auf radikale Lösungen sinnen. Geh' nicht in diese Falle! Schau, auf der ganzen Welt stehen jetzt Menschen auf, finden beispielhaft neue Worte gegen den Krieg und stellen eine Armee ohne Waffen auf. Dort ist dein Platz! Halt' dich von denen fern, die so tun, als wollten sie den Frieden und die gleichzeitig Kriegshetze betreiben. Erlaube ihnen nicht, Friedensaktivitäten zu blockieren und Aufrufe zum Frieden zu verwässern.

Mein Gott, wie sehr das heute alles an diese Zeit erinnert, wie sehr ich in den Kurden heute die Armenier von damals sehe.

Zum 90. Jahrestag: Die politische Rolle Europas I [1]

15. April 2005

Europa ist heute in einer viel glücklicheren Lage als früher. Es ist nicht mehr in miteinander kämpfende Teile zerfallen, sondern stellt eine Gemeinsamkeit und Einheit dar. Das heißt jedoch gleichzeitig, dass das Europa von heute seine Außenpolitik nicht mehr mit inneren Konflikten und Interessengegensätzen erklären und rechtfertigen kann. Was heute zählt, sind die Interessen, die Europa tatsächlich verfolgt. Das in sich zerstrittene Europa von gestern trat als Schutzmacht der Armenier im Osmanischen Reich auf. Es scheint, als gebe es bislang keine kritische Würdigung der Folgen der damaligen Politik. Denn die Ähnlichkeit

---

1 Der Artikel ist die zweite Folge einer Trilogie mit diesem Titel. Die erste Folge war am 8. April 2005 erschienen und befasste sich mit dem türkisch-armenischen Verhältnis. Der nicht aufgenommene Schluss des vorliegenden Artikels behandelt ebenfalls die türkisch-armenischen Beziehungen.

der europäischen Politik heute, die erneut ihre Rolle als Schutzmacht für die Minderheiten in den Vordergrund rückt, wird in keiner Weise thematisiert. Europa scheint sich keine Sorgen darüber zu machen, dass es in den Augen der türkischen Nationalisten erneut primär als Schutzmacht der Minderheiten wahrgenommen wird. Es geht mir nicht darum, zu diskutieren, ob sich Europa der Minderheitenfrage in der Türkei als einer Frage der Demokratisierung und der Menschenrechte nähert oder nicht, sondern darum, auf die Nebenfolgen dieser Politik hinzuweisen. Es sollte nicht vergessen werden, dass die türkischen Regierungen seit zwei Jahrhunderten hartnäckig eine Politik betreiben, welche die Minderheitenfrage ungelöst lässt. Sie legt damit die Minderheitenfrage den Europäern zur Instrumentalisierung in den Schoß. Dies ist eine ganz bewusst betriebene Politik, die analysiert werden muss. Denn die Reaktionen Europas auf diese Politik sind die größte Nährquelle für den türkischen Nationalismus. Dieser ist für sein Bestehen auf genau diese Quelle angewiesen.

Folgende Fragen aus der Vergangenheit sind heute noch immer aktuell: Wie sehr hat das in sich zerstrittene Europa von damals den Lauf der Ereignisse vor, während und nach der Katastrophe bestimmt?

Wie sehr hat das Europa von damals, das sich als Schutzmacht der Armenier präsentierte, sich ihrer wirklich angenommen, und wie sehr hat es sich der Fahrlässigkeit schuldig gemacht?

War die Rolle Europas als Schutzmacht der Armenier wirklich Selbstzweck oder war sie viel eher nur ein Mittel?

Wie sehr trug die Zerstrittenheit Europas dazu bei, dass die Reformen im Osmanischen Reich unvollendet geblieben sind?

Und ganz zum Schluß: Hätte die Katastrophe sich ereignet, wenn Europa damals verantwortungsbewusster vorgegangen wäre?

Leider lassen die Antworten auf diese Fragen Europa in keinem positiven Licht erscheinen.

Und ganz genau dieselben Fragen stellen sich auch heute. Nachdem die Staaten Europas sich fast 90 Jahre lang nicht wirklich um die armenische Katastrophe gekümmert und sie ignoriert haben, fassen heute europäische Parlamente der Reihe nach Beschlüsse zur Anerkennung des Völkermords. Das letzte Glied in dieser Kette ist der Antrag der CDU im Deutschen Bundestag. In dem Antrag ist von richtigen Dingen die Rede, wie davon, dass »die Türkei sich ihrer Geschichte stellen und ihre Grenze zu Armenien öffnen soll«. Doch reicht es aus, richtige Dinge zu fordern? Muss man nicht fragen, ob es [Angela] Merkel wirklich um das armenisch-türkische Verhältnis geht, ob sie wirklich die Begegnung der Türken mit ihrer eigenen Geschichte will oder ob ihr Antrag nicht nur darauf gerichtet ist, den Weg der Türkei nach Europa zu blockieren? Anders gefragt: Ist das Zursprachebringen des Armenierproblems heute Selbstzweck oder erneut nur Mittel für einen anderen Zweck? Wie aufrichtig ist die Christlich-Demokratische Union?

Zum 90. Jahrestag: Die politische Rolle Europas II [1]
22. April 2005

All die Beschlüsse der verschiedenen europäischen Parlamente zur Anerkennung des Völkermordes in den letzten Jahren haben leider nicht zur Erleichterung der Demokratisierung der Türkei beigetragen, sondern haben den türkischen Nationalismus angeheizt und die Demokratisierung der Türkei erschwert. Europa wiederholt damit den Fehler, den es vor einem Jahrhundert begangen hat, indem es erneut in oktroyierender Weise und als Befehlsgeber auftritt, anstatt durch eine Politik der Förderung und der Überzeugung zu einer Besserung des türkisch-armenischen Verhältnisses beizutragen. Dabei sollte das Interesse Europas an der Region vom Lernen aus der Vergangenheit, von Verantwortung und von der Bereitschaft geprägt sein, einen ganz anderen Preis zu zahlen.

Die Begriffe »Verantwortung« und »Preis« gehören sehr dick unterstrichen. Denn in die Katastrophe, die sich auf dem Boden des Osmanischen Reiches ereignet hat, waren nicht nur die Türken, die Kurden und die Armenier verstrickt, sondern auch europäische Staaten, Russland und die USA. Wenn es heißt, dass »diese Katastrophe nicht wieder gutgemacht und die Ungerech-

---

1 Dritter Artikel der zuvor genannten Trilogie.

tigkeit nicht beseitigt ist«, was ja vollkommen richtig ist, dann kann es nicht angehen, dass es mit dem Leid der Armenier einfach sein Bewenden hat. Die Verantwortung darf nicht nur einer Seite aufgebürdet werden, so dass sich die anderen aus der Verantwortung stehlen und um die Zahlung ihres Anteils drücken können. Gerade die Europäer können nicht glauben, sie würden ihrer Verantwortung gerecht, wenn ihre Parlamente 90 Jahre später ein paar Zeilen zum Völkermord verabschieden.

Der Preis, welchen Europa zahlen muss, ist klar. Es muss nach Kräften darauf hin wirken, dass die Türkei und Armenien Beziehungen aufnehmen. Schöne Worte und Wünsche reichen dafür nicht aus. Europa muss vielmehr konkrete Projekte entwickeln und verwirklichen. Eines dieser Projekte steht bereits im Raum: ein Sondernachbarschaftsabkommen der Europäischen Union mit den drei Republiken des Kaukasus: Aserbaidschan, Armenien und Georgien. Deren Status muss angehoben werden. Den drei Republiken muss signalisiert werden, dass für sie, sofern sie ihre Region stabilisiert haben, eine Perspektive auf Vollmitgliedschaft besteht und dass sie sich gewissermaßen über die Türkei an Europa anschließen können.

Europa sollte die Etablierung von Beziehungen zwischen Armenien und der Türkei durch konkrete Projekte und wirtschaftliche Hilfe unterstützen. Projekte zur Entwicklung der Land- und Energiewirtschaft, der Industrie und des Tourismus in den Grenzregionen schaffen gemeinsame Interessen von Türken und Armeniern und tragen zur Normalisierung ihrer Beziehungen bei. Auf diese Weise würden Fehler der Vergangenheit nicht durch billige Erklärungen von Parlamenten gutgemacht, sondern dadurch, dass Verantwortung übernommen und ein Preis bezahlt wird. Dann würde sich zeigen, wie aufrichtig Europa heute ist.

Der Einfluss des damals in sich zerstrittenen Europas in der Region hat dazu geführt, dass sich ihre Völker gegenseitig zerfleischten und auch dazu, dass die Armenier, welche seit vier Jahrtausenden auf diesem Boden lebten, mit Stumpf und Stiel vernichtet worden sind. Mit anderen Worten: Die Interventionen Europas haben damals die Bande zwischen den Völkern der Region zerrissen. Europa hat deshalb heute die Aufgabe, die Bindungen zwischen den Völkern neu zu knüpfen. Bevor es nicht von jemandem, der Bindungen zerstört, zu jemandem wird, der sie errichtet, ist die Schuld nicht beglichen.

Auf deutsche Art [1]   *24. Juni 2005*

Der Beschluss des Deutschen Bundestages[2] zur Armenierfrage ist ganz anders als die Resolution des Französischen Senats und auch ganz anders als die Entschließungen der Parlamente in den übrigen Ländern. Er bringt viele gehörig durcheinander. Deshalb hat die Türkei auf ihn nur einen Tag lang in der gewohnten Weise reagiert. Ihr Protest hielt nur kurz an, so wie ein Wolkenbruch im Sommer. Zwar gab es gleich am ersten Tag vor der Deutschen Botschaft in Ankara sehr wütende Proteste, zwar nannte Premier [Recep Tayyip] Erdoğan [Gerhard] Schröder einen »Politiker ohne Rückgrat«, doch schon am nächsten Tag kehrte die Vernunft wieder ein. Es wurde klar, dass die gewohnten Reaktionen in diesem Fall wenig sinnvoll waren. Denn der deutsche Beschluss ist anders, ist typisch deutsche Art.

Die Beschlüsse der anderen Parlamente waren ausschließlich gegen die Türkei gerichtet, sprachen von Völkermord und forderten dessen Anerkennung. Sie drängten die Türkei dazu, sich der Geschichte zu stellen. Und was machen die Deutschen? Wahrscheinlich aufgrund ihres Egoismus (!) wollen die Deutschen auch in diesem Falle die Rechnung aufteilen. Sie wuchten deshalb die Verantwortung nicht allein der Türkei auf, sondern übernehmen die andere Hälfte selbst, und sagen: »Wir sind ebenfalls schuldig.«

Wie sollen die Türken damit umgehen? Wenn sie behaupten, die Deutschen hätten den Beschluss auf Druck der armenischen Lobby in der Bundesrepublik gefasst, dann glauben sie das selber nicht. Denn in ganz Deutschland gibt es doch höchstens

---

1   Eine türkische Redewendung, die benutzt wird, wenn beim gemeinsamen Essen und Trinken im Lokal jeder die eigene Rechnung zahlt.

2   »Erinnerung und Gedenken an die Vertreibung und die Massaker an den Armeniern 1915 – Deutschland muss zur Versöhnung zwischen Türken und Armeniern beitragen«, Beschluss vom 15.6.2005, www.bundestag.de.

25 000 Armenier. Die Zahl der Türken, die ganz offiziell in Deutschland leben, beträgt dagegen circa drei Millionen. Und wenn sie sagen, der Beschluss sei eine Folge der deutschen Feindschaft gegenüber der Türkei, dann ist das schlicht Undankbarkeit. Deutschland ist doch seit alters her ein ganz enger Verbündeter. Das gilt besonders für die blutigen Tage im Jahre 1915. Hätte das deutsche Parlament nicht einstimmig entschieden, könnte man sagen, Merkel will uns nicht in der Europäischen Union. Doch der Beschluss ist einstimmig gefasst, und auch die Sozialdemokraten und die Grünen, welche die Türkei unterstützen, haben ihm ohne Ausnahme zugestimmt. Und selbst das Argument, das viele vorbringen, die Deutschen seien als Völkermörder bloßgestellt und wollten dieses Brandmal nicht alleine tragen, zieht nicht recht. Denn da fragt sich doch jeder, wenn die Deutschen nur Völkermörder sind, warum verbünden sich die Türken dann immer mit ihnen? Von dem Sprichwort, »Sag mir, mit wem du gehst, ich sag dir, wer du bist«,[1] will ich gar nicht reden.

Mit einem Wort, die Deutschen haben die Türken kalt auf dem falschen Fuß erwischt. Sie sprechen nicht von »Völkermord« und das macht alles nur noch schlimmer.[2] Am schlimmsten ist es, dass alteingefahrene Perspektiven [der Türkei] vollkommen durcheinanderkommen. Wenn sie von »Völkermord« gesprochen hätten, wäre die Antwort klar gewesen, daran ist man [in der Türkei] gewöhnt. Dann hätte man gesagt: »Nein, die Armenier haben die unseren getötet, schaut her, da ist das Massengrab.« Stattdessen bekennen diese Leute, dass auch sie eine gehörige Portion Schuld trifft. Was sagt man jetzt zu diesen Völkermördern? Etwa, dass sie doch gute Menschen sind und deshalb nicht schuldig sein können? So ein Verrat durch alte Freunde ist doch wirklich bitter!

---

1 Wörtlich lautet das Sprichwort: »Üzüm üzüme baka baka karır.«
2 Im Beschluss selbst kommt das Wort »Völkermord« nicht vor. In der Begründung heißt es, dass zahlreiche Historiker, Parlamente und internationale Organisationen das Geschehene als Völkermord bezeichnen.

III. Frei sind wir nur gemeinsam!

Öffnet die Dose der Pandora nicht!   *23. Juli 1999*

Heiße Themen packe ich am liebsten an, wenn das politische Klima gemäßigt ist. In hitzigen Zeiten herrscht nicht die Vernunft, sondern Gefühlsaufwallung und Populismus. Beim Thema »Völkermord«, das jedes Jahr erneut aufkommt, ist das in aller Regel so.

In Frankreich hat im letzten Jahr das Parlament ein »Gesetz über den Völkermord an den Armeniern« verabschiedet, das jetzt beim Senat liegt. Was herrschte damals [in der Türkei] für eine Aufregung. Ob Wissenschaftler oder Journalist, es gab keinen, der nicht darüber schrieb. Doch eigentlich sagten alle das Gleiche, egal ob sie reaktionär oder fortschrittlich, autoritär oder demokratisch sind. Sie sagten: »Die Armenier gaben damals [während des Ersten Weltkriegs] keine Ruhe und unterstützten die Russen. Und wir waren im Krieg. Wir mussten sie deshalb aus dem Gebiet [Ostanatolien] entfernen und umsiedeln.«

Genau im gleichen Sinne schrieb letzte Woche auch [die Journalistin] Ruhat Mengi in der Zeitung Sabah. Als die Russen im Ersten Weltkrieg den Osten der Türkei besetzten, hätten die Armenier die [muslimische] Zivilbevölkerung bekriegt. In anderen Teilen des Landes dagegen sei den Armeniern nichts passiert.

Dass es noch immer Leute gibt, die so etwas erzählen, macht mich schlicht fassungslos. Wie antworten sie wohl auf die folgenden Fragen?

Falls der Krieg im Osten wirklich der Grund für die Umsiedlung war, welche Schuld hatten dann die Armenier in allen anderen Gebieten? Haben sich auch die Armenier in Balıkesir, in İzmit und in Tekirdağ, in Ankara, Çorum, Yozgat und in Tokat und die in Diyarbakir, Adana und Malatya mit den Russen verbündet? Und wenn ihr sagt: »Die haben wir nicht umgesiedelt«, wo sind dann diese Leute heute?

Deshalb ein guter Rat: Schreibt nicht über Themen, von denen ihr so wenig wisst, denn hier leben auch Leute, die wissen, wie es wirklich war, und die ganz sicher lesen, was ihr schreibt.

Manchmal melden sich kurdische Intellektuelle genauso unbedarft zu Wort. So erst letztlich auf einer Konferenz, die kurz nach der Verkündung des Todesurteils für Abdullah Öcalan stattgefunden hat und auf der sich Schriftsteller, Journalisten und Juristen darüber Gedanken machten, wie der gesellschaftliche Frieden aufrechterhalten werden kann. Auch wenn es mich gefreut hat, dass man sich darüber Gedanken macht, musste ich doch einen der Redner kritisieren. Er hatte argumentiert, dass Türken und Kurden doch von alters her Brüder sind und in Çanakkale[1] und hier und dort zusammen Blut vergossen haben.

Da konnte ich nicht an mich halten und habe ihm gesagt: »Wie können wir gesellschaftlichen Frieden stiften, wenn wir das, was uns verbindet und uns zu Brüdern macht, im Blutvergießen finden, wenn wir uns eines so billigen nationalistischen Jargons bedienen, und wenn wir anstatt davon, dass wir etwas Gemeinsames aufbauen, vom Niederreißen und vom Töten reden? Wollen wir unser Zusammenleben in der Zukunft wirklich auf einer gemeinsamen Nostalgie des Blutvergießens gründen? Was glaubt ihr denn, was ein Armenier nach so einen Satz für eine Frage stellen wird? Wessen Blut habt ihr denn vergossen? Empfindet ihr denn keine Scham, wenn das, was euch verbindet, noch hundert Jahre später das Blutvergießen ist?«

Ich will mein Kurdisch! 21. *Juli 2000*

Nehme ich mir zuviel heraus, wenn ich mich als Armenier in den Streit über die Unterrichtung der kurdischen Sprache einmische? Zwar behaupten gewisse Kreise stets, dass ›das Kurdenproblem‹ ja eigentlich ein ›Armenierproblem‹ sei.[2] Doch weiß

---

1 Stadt an den Dardanellen, wo während des Ersten Weltkriegs englische und australische Truppen zurückgeschlagen wurden. Der Tag der Schlacht, bei der Republikgründer Mustafa Kemal Atatürk (zusammen mit dem deutschen General Liman von Sanders) seinen ersten großen Sieg errang, wird noch heute als Siegesfest (Zafer Bayramı) begangen und ist offizieller Feiertag.

2 Anspielung darauf, dass türkische Nationalisten jahrelang behaupteten, der Führer der PKK Abdullah Öcalan sei ein Kryptoarmenier, die PKK die Fortsetzung der armenischen Terrororganisation ASALA und viele Militante der PKK unbeschnitten und deshalb wohl Armenier.

man nie, woran man wirklich ist, und es kann durchaus sein, dass diese Kreise mir eine solche Einmischung schwer verübeln. Wahrscheinlich hat mir die Julisonne das Gehirn verbrannt. Nur so ist zu erklären, dass ich als unverbesserlicher Außenseiter zu dieser Frage Stellung nehme und das mit einer Formulierung, die auf den ersten Blick verwegen scheint: Ich sage: »Als ein Armenier der Türkei habe auch ich ein Recht auf Kurdisch.«

Sie wundern sich, doch bevor ich erkläre, was ich meine, hier ein paar ähnlich erstaunliche Informationen: Wir Armenier sind ja eine ›glückliche Minderheit‹, die in den eigenen Schulen die Muttersprache unterrichten kann, freilich ohne vom Staat dafür nur einen Kuruş[1] zu erhalten.

Und trotzdem läuft einiges schief. Denn nur 4 000 Schüler lernen heute auf diesen Schulen, 4 000 Schüler einer Gemeinde, der circa 70 000 angehören. Die große Mehrheit unserer Kinder geht auf herausgeputzte und teure Privatschulen, und die Tendenz ist steigend. Man muss deshalb wohl seine Lehren daraus ziehen und fragen, was es heißt, dass eine Minderheit, die ökonomisch und kulturell doch relativ gefestigt ist, den Winden der Globalisierung so überhaupt nicht widerstehen kann, die eigene Sprache und Kultur aufgibt und Fremdsprachen und fremder Kultur hinterher rennt.

Doch jetzt zurück zum Thema Kurdisch. Die Kopenhagener Kriterien [zur EU-Osterweiterung] sehen das Recht auf Ausbildung in der Muttersprache vor, was viele Leute [hier] als Gefahr [für das Land] betrachten. Ich meine jedoch, dass der wichtigste Grund für Schulen, die auf Kurdisch unterrichten, noch gar nicht angesprochen worden ist.

Natürlich muss es solche Schulen geben, doch nicht nur, weil die Kurden ein Recht darauf haben. Auch ich als Armenier sollte das Recht haben, meinem Kind Kurdisch beibringen zu lassen. In gleicher Weise sollten auch Nichtarmenier das Recht haben, ihre Kinder auf armenische Schulen zu schicken.

Im ›Mosaik von Anatolien‹ kann man weder die kurdische Sprache den Kurden überlassen, noch die armenische ausschließ-

---

1 Hundertster Teil der Lira, stammt etymologisch vom österreichischen Wort ›Groschen‹ ab.

lich den Armeniern. Sowenig jemand, der Türkisch spricht, dadurch sofort zum Türken wird, sowenig wird ein Armenier, der Kurdisch spricht, deswegen gleich zum Kurden. Wenn man das Kurdische den Kurden überlässt, ist Kurdismus die natürliche Folge, und wenn Armenisch ausschließlich in den Händen der Armenier bleibt, führt das zu Armenismus.[1] Zu Anatolien jedoch passt, dass wir miteinander leben, und einer die Sprache des anderen versteht. [Und was macht Ihr?] Ihr bringt die Sprachen der früheren Imperialisten in das Land und unterrichtet sie an unseren Schulen. Doch wenn Leute die Sprache ihrer Nachbarn sprechen und sie als einen Teil von sich begreifen, dann habt ihr davor Angst. Warum?

Die Türkeizugehörigkeit betonen   *12. September 2003*

Premierminister Recep Tayyip Erdoğan hat von »Türkeizugehörigkeit« gesprochen.[2] Mir hat der Begriff schon Ungemach bereitet. Auf einer Podiumsdiskussion in Urfa, an der ich als Gast von Mazlum-Der teilnahm, hatte ich mich zu dem Begriff bekannt, weshalb der Staatsanwalt der Stadt jetzt gegen mich ermittelt.[3] Der Staatsanwalt von Şişli [in Istanbul] hat mich deshalb bereits verhört, wer weiß ob ein Verfahren daraus wird?[4]

---

1 Das sind auch im Türkischen Kunstwörter und die Künstlichkeit ist durchaus intendiert, denn sie verweist auf die Künstlichkeit der Ideologie. Es geht um kurdischen und armenischen Nationalismus analog zum etablierten Begriff ›Türkçülük‹, Türkismus.

2 Im September 2003 schaute sich Erdoğan in Paris die Leichtathletikmeisterschaften an, an denen auch die berühmte türkische Läuferin Süreyya Ayhan teilnahm. Er zeigte auf einen schwarzen Läufer, der für die USA antrat, und meinte, die Türkei müsse es ähnlich wie die USA fertigbringen, verschiedene Identitäten zu integrieren. Dabei gebrauchte er den Begriff »Türkeizugehörigkeit«, der im Türkischen nicht so umständlich klingt wie im Deutschen, in dem ja auch der Begriff »Deutschländer« gewöhnungsbedürftig ist.

3 Urfa, Stadt in Südostanatolien. Mazlum-Der, muslimischer Menschenrechtsverein.

4 Das Verfahren wurde schließlich wegen »Erniedrigung des Türkentums« eröffnet und erst nach der Ermordung Dinks eingestellt.

Ich glaube, der Begriff kann ein Sprungbrett zur Demokratisierung dieses Landes sein, auch wenn extreme Nationalisten im Hinblick auf seinen Gebrauch von »Niederträchtigkeit« und anderem Unsinn reden und auch wenn sie versuchen, die Diskussion darüber bereits im Keime zu ersticken. Auf dem Podium in Urfa hatte man mich Folgendes gefragt:

»Müssen auch die Armenier in ihren Schulen [allwöchentlich und im Klassenverband] den Schwur, ›Ich bin Türke, bin aufrichtig und fleißig‹, aufsagen? Und wenn sie das tun müssen, was fühlen sie dabei?« Ich habe damals nicht für die Armenier allgemein, sondern nur für mich selbst gesprochen und gesagt: »Ja, auch in unseren Schulen müssen die Schüler dieses Bekenntnis regelmäßig vortragen. Ich weiß nicht mehr, was ich als Kind dabei gefühlt habe, heute jedoch denke ich mir: Ich bin zwar aufrichtig und fleißig, aber ein Türke bin ich nicht. Ich bin Armenier der Türkei.«

Ich hatte damit keineswegs die Absicht, die Türken zu erniedrigen. Mir ging es nur darum, zu sagen, wie mir zumute ist. Denn meiner Meinung nach ist der Begriff des »Türken«, den Atatürk mit seinem Satz: »Glücklich, wer sagt, ich bin ein Türke« prägte, durch spätere rassistische, ethnische und faschistische Rhetorik ziemlich entstellt worden. Atatürks integrative, auf nationale Einheit zielende Bedeutung des Begriffs ist heute weitgehend dahin. Ist es verwunderlich, dass ich mich nicht mehr ohne weiteres als Türke fühlen kann, nachdem die Vorstellung von [freiwilliger] nationaler Einheit durch die Rhetorik vom Türkentum ersetzt worden ist?

Denn erstens sind die Armenier, auch wenn ihre Kinder jeden Tag »Ich bin ein Türke, bin aufrichtig und fleißig« sagen, doch immer noch »die Anderen«. Und zweitens machen uns türkische Nationalisten täglich klar, dass sie uns nicht zu den Türken zählen. Vom »Glück«, das daher kommt, sich als Türke zu fühlen, will uns heute keiner mehr etwas abgeben.

Deshalb braucht es dafür, dass wir uns als gleichberechtigte Staatsbürger fühlen können, einen neuen Begriff, und das Wort Erdoğans von der »Türkeizugehörigkeit« füllt genau diese Lücke. »Griechischer«, »armenischer« oder »kurdischer Bürger der Türkei« macht doch mehr Sinn und ist viel realistischer als absurde Bezeichnungen wie »griechischer«, »armenischer« oder »kurdischer Türke«. Atatürks Ausspruch: »Glücklich, wer sagt, er ist ein Türke«, soll ja ruhig weiterleben. Doch warum ist man »niederträchtig«, wenn man stattdessen vorbringt: »Glücklich, wer sagt, dass er zu diesem Land gehört.«

Da wir gerade bei der Diskussion von »Türkeizugehörigkeit« und nationaler Einheit sind, will ich noch schnell eine andere Frage anbringen. Es geht um jene Zeile aus unserer Nationalhymne, in der von einer »Rose für meine heldenhafte Rasse« die Rede ist. Oft heißt es, Mehmet Akif Ersoy[1] hätte das Wort »Rasse« nicht in dem Sinn gebraucht, wie ich es heute verstehe. Es meine eigentlich »Nation«, und nur der Reim sei daran Schuld, dass dort nicht »Nation« stehe. Doch selbst, wenn wir annehmen, der ehrenwerte Verfasser habe »Rasse« tatsächlich im Sinne von »Nation« gemeint - ändert das etwas daran, dass ich es heute anders verstehe? Soviel ich weiß, ist »Rasse« nicht nur ein soziologischer, sondern daneben auch ein biologischer Begriff. Und sei es nun soziologisch oder biologisch, wer den Begriff gebraucht, dem geht es stets um Trennung [und Klassifizierung] der Lebewesen allgemein, genauso wie der Menschen. Es geht nie um Vereinigung, nie um das Gemeinsame. Seine Verwendung in der Nationalhymne dient also weniger der Einheit als der Trennung. Und sie verweist auch noch auf die schlimmste aller Trennungen, die Trennung durch Rassismus.

Noch eine andere sensible Frage: Gehören alle Bewohner der Türkei wirklich zur gleichen Rasse, die Türken, die Griechen, die Kurden und Armenier? Antworte ich auf diese Frage »Ja!«, fallen sie gleich über mich her und sagen: »Was redest du da, du Armenierbrut? Wie können Türken und Armenier von gleicher Rasse sein?« Wenn dem so ist, was soll es dann, dass wir in Reih und Glied stehen und schmettern: »Eine Rose für meine heldenhafte Rasse«? Oder ist damit nur gemeint, dass ihr an eure heldenhafte Rasse denkt, und ich denke an meine? Das ist doch glatter Separatismus!

---

1 Der Verfasser der türkischen Nationalhymne, 1873-1936.

Separatismus und religiöse Reaktion sind für den Nationalen Sicherheitsrat[1] die Hauptgefahren für das Land. »Separatismus« meint die »kurdische Frage«, und »religiöse Reaktion« meint »islamischen Fundamentalismus«. Man könnte meinen, die kurdische Frage habe mit der Gefahr der religiösen Reaktion wenig zu tun, doch das wäre zu kurz gegriffen. Ich gehe von folgender These aus:

»Es ist ein Glück für die Türkei, dass sowohl Türken als auch Kurden dem Islam angehören. Die gemeinsame Religionszugehörigkeit hat wohl am stärksten verhindert, dass es zwischen den beiden Völkern zu blutigen Zusammenstößen gekommen ist. Und sie verhindert – *inschallah* – dieses auch in der Zukunft. Das religiöse Engagement, das immer als Gefahrenmoment präsentiert wird, ist also gleichzeitig ein Kitt, der das Land vor der Teilung schützt. Eine Gefahr neutralisiert die andere, oder beseitigt sie gar ganz.

Der muslimische Charakter der Türkei ist jedoch nicht nur für die Innenpolitik von Vorteil, sondern auch für die Außenpolitik. Zwar bildet er ein Argument gegen den Beitritt zur Europäischen Union, doch ist er gleichzeitig der größte Trumpf derjenigen, die für den Beitritt der Türkei sind. Premierminister Tayyip Erdoğan ist sich dessen bewusst. Statt diese Seite der Türkei zu verstecken, rückt Erdoğan sie in seinen Botschaften an Europa gerne in den Mittelpunkt und ist bisher damit sehr gut gefahren.

Ob es um den »11. September« geht oder um den Einfluss von Osama Bin Laden, die außenpolitische Rolle der Türkei ist stets mit dem Islam verbunden.

---

1 Bis zur Verabschiedung des »7. Reformpakets zur EU-Anpassung«, Juli 2003, saßen im Nationalen Sicherheitsrat, der jeden Monat tagte, den fünf Spitzenmilitärs fünf Regierungsvertreter gegenüber. Die Beschlüsse dieses Rats galten als Anleitung der Armeeführung an die zivile Politik. Seit dieser Zeit haben zivile Politiker im Rat die Mehrheit, der Rat tagt nur noch alle zwei Monate. Trotzdem haben die Militärs noch großen Einfluss auf die Politik, u.a. durch die regelmäßige Bekanntgabe der Gefahren, die dem Lande drohen.

Das ändert freilich nichts daran, dass der Islam in der Innen-
wie in der Außenpolitik gleichzeitig ein Problem ist. Obwohl
der Staat behauptet, er sei laizistisch, versucht er seit Jahrzehnten, das religiöse Engagement seiner Bevölkerung sorgfältig zu
begrenzen.[1] Der Staat ist ständig in Alarmbereitschaft. Durch
Gesetze und Zwang, hin und wieder unterstützt von Staatsstreichen [des Militärs], will er das religiöse Leben regulieren. Die
Revolution der Mullahs im Iran hat diese Alarmierung noch verstärkt. Trotz alledem, trotz Hutgesetz und Kleiderordnung, trotz
staatlicher Anleitung des religiösen Lebens in Schule und Öffentlichkeit regiert heute eine Partei das Land, die eine klare
muslimische Identität hat.[2]

Und das ist gut so! Denn die Angst vor dem Fundamentalismus, den die Verfechter eines autoritären Laizismus mit all ihrem mehr oder minder sanften Zwang bis heute nicht besiegen
konnten, wird nur dadurch besiegt, dass die Frommen an der
Regierung sind. Wenn ich in der Lage der autoritären Laizisten
oder gar des Sicherheitsrats wäre, würde ich Gott für die AKP
danken. Je mehr fromme Muslime in der Politik sind, desto
schneller verabschieden sie sich von radikalen Lösungen. Je länger sie regieren, desto geringer ist ihr Verlangen danach, alles zu
bestimmen und desto mehr schwindet ihr Wunsch nach Einführung des religiösen Rechts. Deshalb kann man wohl sagen, dass
nicht die Laizisten, sondern die frommen Muslime den Laizismus tatsächlich etablierten.

Die Christen in Europa, die gegen den Beitritt des Landes zur
Europäischen Union sind, sollten sich das gut überlegen. Es ist
viel segensreicher, wenn die Religionen zusammenleben, als wenn
sie nebeneinander existieren. Denn religiöse Differenz führt nicht
dazu, dass Religionen untergehen, im Gegenteil, sie stärkt religiö-

---

1 »Staat« meint in der Türkei die sogenannte Staatselite aus Militär, Bürokratie, der Richterschaft und Teilen der Intelligenz, mit der sich jede Regierung mehr oder weniger arrangieren muss. In der Türkei meint Laizismus
die Kontrolle der Religion durch den Staat.
2 Seit 1924 Kontrolle und später Verbeamtung des Moschee-Personals, 1925
Abschaffung des Fez, verpflichtende Einführung des Krempenhuts, 1935
Verbot religiöser Kleidung und seit 1982 obligatorischer Religionsunterricht.

ses Bewusstsein. Wenn ich fünfmal täglich den Ruf des Muezzins höre und so fünfmal am Tag erinnert werde, dass ich Christ bin, ist das fürs Christentum nicht schlecht.

Wie geht man mit Geschichte um?

Die Karte vom vergrabenen Schatz   *18. Februar 2000*

Immer wieder finden sich in den Zeitungen Nachrichten wie:
»Betrüger beim Verkauf von falscher Schatzkarte festgenommen«
oder »Betrügerische Schatzgräber brachten Mann um Vermögen«.
Einmal erschien sogar AGOS mit einer solchen Schlagzeile: »Leute armenischer Herkunft verkaufen falsche Schatzkarten«. In Erzurum hatte der Direktor des dortigen Museums mitgeteilt, dass
sich Betrüger als Armenier ausgeben und ›Schatzkarten‹ verkaufen würden. In diesen Karten sollten die Plätze vergrabener Vermögen eingetragen sein, welche ihre Großväter zurückgelassen
hätten, als sie einst ausgewandert sind.

Tatsächlich ist Schatzgräberei in Anatolien weit verbreitet.
Manche Leute jagen jahrzehntelang vergrabenen Schätzen nach.
In Aksaray[1] soll es ein Café geben, in dem sich die Schatzgräber
aus Anatolien treffen. Nicht selten führt der Weg dieser Schatzsucher auch zu uns, in das Büro von AGOS. Sie wollen, dass wir
alte Schriftstücke entziffern.

Doch nicht die Schatzgräber sind hier das eigentliche Thema.
»Hat, wer armenische Schätze unter der Erde sucht, auch nur die
leiseste Ahnung von den armenischen Schätzen, welche über der
Erde liegen? In AGOS hatten wir erst kürzlich aufgelistet, aus wie
vielen Dörfern, Schulen, Kirchen und Krankenhäusern dieser
Schatz besteht oder besser bestand: über 3 000 Kirchen, 2 000
Schulen, sehr viele Krankenhäuser, Wohnhäuser und Arbeitsstätten ohne Zahl. Man hat all dem nicht mehr Wert beigemessen
als den Menschen, die diese Werte schufen und heute in aller
Welt verstreut sind.

Denn Anatolien ist und bleibt das Ursprungsland der armenischen Diaspora. Selbst in der Republik Armenien gibt es heue Städte
mit Namen wie Nor Malatya, Nor Arapgir, Nor Pütanya (İzmit),
Nor Sepasdiya (Sivas) und Nor Gesaria (Kayseri).[2] Noch immer
hängen viele in der Diaspora mit dem Herzen an Anatolien.

---

1   Stadtteil in Istanbul, oft erste Anlaufstation für Leute aus Anatolien.
2   Nor = Neu; Sivas, früher Sebaste; Kayseri, früher Caesarea.

[Doch wie äußert sich das heute?] In den vergangenen Tagen wurden in Holland und in Virginia (USA) erneut Beschlüsse zur »Anerkennung des Völkermords« gefasst und »Völkermord-Denkmäler« enthüllt. Und nächste Woche berät in Frankreich der Senat erneut über das »Völkermordgesetz«. Bei uns [in der Türkei] begnügt man sich wieder damit, längst Durchgekautes endlos zu wiederholen und klagt, wie clever die Diaspora ihre Fäden zieht. Dabei ist der Ausweg aus dieser Zwangslage ganz einfach, und dieser Weg führt zu dem eigentlichen Schatz.

Wenn man etwas dagegen tun will, dass andere die armenische Frage für ihre eigenen Zwecke nutzen, muss man sich an jene Leute wenden, die man damals verloren hat. Deshalb führt der Weg zur Lösung des Problems zuerst über die Anerkennung der Republik Armenien. Zweitens liegt auf seinem Weg, die Probleme der Armenier in der Türkei endlich zu lösen. Am Ende dieses Wegs steht das Gespräch mit der Diaspora, die ihren Ursprung in Anatolien hat.

Ich spreche keineswegs von unmöglichen Dingen und nicht von einer Utopie. Ich weiß aus eigener Anschauung, welche große Wirkung auch kleine Schritte haben. Statt [das christliche Erbe] mit Hilfe von ›Religionstourismus‹ [zu instrumentalisieren und] nur ans Geld zu denken, sollte die Türkei auf die Armenier zugehen. Schon eine kleine Gedenktafel, welche daran erinnern würde, dass diese oder jene Moschee früher die Surp Krikor Lusavoritsch-Kirche war, bringt mehr als die Aufrechnung böser Taten. Das ist die Art von Schatzkarte, die ihr von mir haben könnt.

Zu viel, zu wenig und falsche Information

26. September 2003

Was [über die armenische Frage] in den Geschichtsbüchern für die Klassen der Primär- und Sekundarstufe steht, hat mit der Vermittlung von historischem Wissen wenig zu tun. Es scheint vielmehr darum zu gehen, die türkische Jugend vor den Thesen zu schützen, die die Armenier weltweit vorbringen. Zu diesem Zweck werden die jungen Gehirne im Geschichtsunterricht mit einer Fülle von Informationen zugestopft, die unvollständig, fehlerhaft und übertrieben sind. Am besten kann man das aufzeigen, wenn man Wort für Wort anführt, was in den Büchern steht. Wir präsentieren deshalb hier ein Beispiel: das Buch »Geschichte« für die zweite Klasse der Gymnasien, verfasst von Kemal Kara, erschienen im Verlag Önde. Nach Order des Erziehungsministeriums der Türkei vom Jahr 2003 wird es an allen Schulen verwendet. Kapitel: »Umsiedlung«, S. 151-154 (Die Zwischenüberschriften sind von uns):

Die Russen und die Daschnak

»Noch vor dem Ersten Weltkrieg haben die Armenier in den Provinzen von Ostanatolien ihre Aktivitäten verstärkt, und im Juni des Jahres 1914 hielten die [osmanischen] Daschnak in Erzurum einen Kongress ab, auf dem sie Beschlüsse gegen das Komitee ›Einheit und Fortschritt‹[1] fassten. Das Komitee ›Einheit und Fortschritt‹ stellte in jenen Tagen die Regierung des Reichs, weshalb diese Beschlüsse gegen den Staat gerichtet waren. Russland hatte in diesen Jahren seine Unterstützung für die Armenier noch verstärkt und ihnen einen Staat versprochen, der den Kaukasus und das osmanische Ostanatolien umfassen sollte. In den Erklärungen des Gesamtarmenischen Kongresses von Tiflis im Jahre 1915 hieß es, Russland habe den Daschnak 200 000 Rubel gewährt, um die Armenier zu bewaffnen und sie in einem günstigen Moment zum Aufstand zu bewegen.

Am 1. November 1914 überschritten die russischen Truppen vom Kaukasus aus die osmanische Grenze. Am 21. Dezember 1914 ging die [osmanische] Dritte Armee unter dem Kommando von Enver Pascha zum Gegenangriff über. Allein, die Osmanen wurden geschlagen, und am 6. Mai 1915 besetzten die Russen die osmanische Stadt Van.[2] Nirgendwo sonst in Ostanatolien lebten mehr Armenier auf einem Fleck als in dieser Provinz, wo sich am 13. April 1915 die Armenier erhoben. Am 24. April desselben Jahres telegraphierte der Gouverneur von Van an das osmanische Innenministerium und schilderte, wie schrecklich die Situation war:

---

1 Vgl. dazu den Artikel »Ein Rat von einem, der Bescheid weiß«.
2 Stadt östlich des Van-Sees, in der Nähe der Grenze zum Iran.

›Man hat 4 000 aufständische Armenier in die Stadt gebracht. Sie überfallen Leute auf der Straße, greifen umliegende Dörfer an und setzen sie in Brand. Keiner kann sie aufhalten. Schon jetzt sind viele Frauen und Kinder obdachlos. In den Dörfern der Stämme können wir diese Opfer nicht unterbringen. Sollen wir sie in die westlichen Landesteile schicken?‹

Als die Russen mit Unterstützung der Armenier Van eingenommen hatten, ernannte der Zar einen armenischen Gouverneur für die Stadt. Dasselbe wiederholte sich in [den Provinzen] Muş und Bitlis.[1] Russen und Armenier unterdrückten in der Region die Türken und verübten Massaker.

Aufgrund der Propaganda der Daschnak machten die Armenier gemeinsame Sache mit dem Feind, erhoben sich hinter den Linien, schnitten der osmanischen Armee die Nachschubwege ab und griffen bei jeder Gelegenheit die türkische Bevölkerung und die Soldaten an. An vielen Orten fanden Zusammenstöße armenischer Banden mit der Gendarmerie, der Armee und mit der muslimischen Bevölkerung statt. Ganz Ähnliches spielte sich in Kilikien ab, wo französische und englische Truppen landen sollten.«[2]

Der gutwillige Talat Pascha

»Innenminister Talat Pascha sandte am 19. Mai 1915 ein Schreiben an das Amt des Großwesirs. Darin teilte er mit, die Umsiedlung von Armeniern aus den umkämpften Gebieten nach Mossul, Aleppo und Syrien halte an. Diese Regionen gehörten alle zum Osmanischen Reich. Der Pascha meinte, dass diese Maßnahme zum Wohle des Staates unabdingbar sei und einheitlich und systematisch[3] durchgeführt werden soll. Diesem Schreiben des Innenministeriums kam der Ministerrat am 27. Mai 1915 nach und beschloss das Umsiedlungsgesetz, welches am 1. Juni 1915 im Amtsblatt veröffentlicht wurde und in Kraft getreten ist.[4] In seinem

---

1 Städte westlich des Van-Sees.
2 Antike Landschaft, in der sich im 13. Jahrhundert das »Kleinarmenische Königreich« befand, entspricht in etwa den heutigen türkischen Provinzen Mersin und Adana.
3 ›Bir usul ve kaide-i muttarideyeye (göre)‹
4 ›Tehcir Yasası, Takvim-i Vakayi‹

Beschluss vom 30. Mai 1915 entschied der Ministerrat, dass für die Sicherheit der Armenier, die umgesiedelt werden müssen, sowie für die Befriedigung ihrer Bedürfnisse solange Sorge getragen werden muss, bis sie an ihren neuen Siedlungsorten angekommen sind. Was Haus und Hof betrifft, sollen die Armenier nicht schlechter als vorher gestellt werden; ihnen ist Saatgut und Ackergerät zu stellen, ihre bewegliche Habe ist ihnen ordentlich zu übergeben, die verlassenen Städte und Dörfer sind gerecht an neue Bewohner zu verteilen; Olivenhaine, Obstgärten und Weinberge sind ebenso wie Läden, Lager und Fabriken öffentlich zu versteigern; und der Erlös oder die Miete ist zum Zwecke der Übermittlung an die Eigentümer der Staatskasse zu zahlen. Es werden besondere Kommissionen eingesetzt, und ein Erlass soll alle Einzelheiten regeln.

Was Umsiedlung und Ansiedlung betrifft, heißt es im Artikel 21 des Erlasses: ›Sollten die Umsiedler in Lagern oder auf dem Weg das Ziel von Angriffen werden, sind die Angreifer festzunehmen und dem Kriegsgericht zu überstellen.‹ Artikel 22 regelt: ›Wer von Umsiedlern Geschenke annimmt oder Bestechung akzeptiert und wer Umsiedlerfrauen durch Zwang oder Versprechungen verführt, der kommt vors Kriegsgericht und wird dort hart bestraft.‹

Eine außerordentliche Entscheidung

»Das sind die Rechtsgrundlagen der Umsiedlung. Es zeigt sich, dass die Umsiedlung schon vor Erlass dieses Gesetzes unter Leitung des Innenministeriums begonnen worden war. Infolge der Kriegswirren begann die Umsiedlung durch eine außerordentliche Entscheidung am Sonntag, dem 24. April [1915]. Innenminister Talat Pascha war nicht davor zurückgeschreckt, diese schwere Verantwortung allein zu übernehmen.

Es waren zivile Beamte, welche die Umsiedlung durchführten, die Armee war überhaupt nicht involviert. Nur dort, wo die Umsiedler durch Militärgebiet zogen, war die Armee für ihre Sicherheit und für Hilfe in jeder Form zuständig. Cemal Pascha berichtet in seinen Erinnerungen, wie die Vierte Armee, die damals unter seinem Kommando stand, die Armenier ernährte und medizinisch versorgte.

Alles in allem wurden damals 438 000 Armenier aus Regionen, wo großer Terror herrschte, zur Umsiedlung verpflichtet und nach Syrien gebracht. Das zeigt, dass die Behauptungen, 1,5 Millionen Armenier wären umgekommen, falsch sind. Es gab Verluste während der Umsiedlung, auch deshalb, weil armenische Banden die Sicherheitskräfte angriffen. Die meisten Armenier freilich sind, wie die meisten Muslime auch, an Krankheiten gestorben. Doch die Verluste, die die muslimischen Anwohner während der russischen und französischen Besetzung durch Massaker armenischer Banden erlitten, werden in Archivdokumenten auf Hunderttausende beziffert.«

Auf eigenen Wunsch!

»Insgesamt sind wohl 650 000 Armenier, die während des Ersten Weltkriegs per Umsiedlung oder auf eigenen Wunsch aus Anatolien ausgewandert sind, am Ende dieses Krieges an ihre alten Orte zurückgekehrt. Von einem Völkermord, wie die Armenier behaupten, kann deshalb keine Rede sein. Doch die Armenier, die im [nationalen] Befreiungskrieg (1920-1922) gemeinsame Sache mit dem Feind gemacht hatten, haben am Ende Anatolien zusammen mit den feindlichen Truppen verlassen. Sie leben heute über die gesamte Welt verstreut. Die Armenier, die damals nicht umgesiedelt worden sind, blieben als Beamte und Bauern, als Händler und Handwerker in Anatolien.

Wer umgesiedelt wurde, konnte an seinem neuen Ort in Sicherheit leben, der Staat befriedigte alle seine Bedürfnisse, und wenn es möglich war, wurde sogar erlaubt, die früheren Berufe wieder auszuüben. Doch wer ins Ausland ging, hatte zu Beginn mit sozialen und wirtschaftlichen Schwierigkeiten zu kämpfen.«

Viele kehrten zurück!

»Der Umsiedlungsbeschluss, den das Osmanische Reich aus militärischen Gründen und Sicherheitserwägungen gefasst hatte, wurde am 25. November 1915 vorübergehend und am 24. Oktober 1916 endgültig ausgesetzt. Nach seiner Niederlage hat das Reich auf Wunsch der Entente-Staaten am 31. Dezember 1918 umgesiedelten Armeniern die Rückkehr erlaubt. Wer zurückkam, erhielt sein Hab und Gut und Haus und Hof zurück.

Europäische und armenische Autoren übertreiben bisweilen die Zahl jener Armenier, die umgesiedelt worden sind, und nutzen das gegen die Türken. Dabei sind die Verluste der Türken, die nach der russischen Besetzung von Ostanatolien vor russischer und armenischer Grausamkeit nach Zentralanatolien geflüchtet sind, viel höher als die Verluste der Armenier. Doch weil diese Opfer Muslime sind, hat kein westlicher Autor oder Politiker vor seinem Gewissen je die Notwendigkeit gefühlt, ihr Schicksal zum Gegenstand eines Romans zu machen.

Als die Türkei damals auf Leben und Tod kämpfte, haben armenische Banden Muslime terrorisiert und sie in großem Ausmaße massakriert. Dann haben sie diese Toten als Armenier verkauft und so die Christliche Welt meisterhaft hinters Licht geführt.«

Das alles steht in einem einzigen [Schul-]Buch. In anderen [Schul-]Büchern finden sich ähnliche Geschichten. Es ist höchste Zeit, dass Demokraten beginnen, all dies endlich zu hinterfragen.

Für Anstand braucht es keinen Beleg aus dem Archiv
18. März 2005

Es ist wohl an der Zeit, Fragen erneut zu stellen, die ich schon öfter vorgebracht habe. Hier gleich die erste: »Schlägt die Gesellschaft der Türkei in allen [übrigen] Fragen einen demokratischen Ton an und zeigt sich nur bei der Armenierfrage so wenig demokratisch?« Zweite Frage: »Weiß die Gesellschaft der Türkei wirklich, was vorgefallen ist und leugnet sie es, oder vertritt sie einfach das, was sie heute tatsächlich weiß?« Dritte Frage: »Wie soll die türkische Gesellschaft, welche nicht weiß, wo sie die Susurluk-Affäre[1] und die Leichen der Hisbollah[2] mental ablegen soll, ent-

---

1 Susurluk ist eine Provinzstadt in Westanatolien, wo vor einigen Jahren im Rahmen eines Verkehrsunfalls intime Verbindungen der Polizei und einiger Spitzenpolitiker mit international gesuchten Mafiosi bekannt wurden, die bis heute nicht aufgeklärt sind.

2 Hisbollah, Partei Gottes, kurdisch-islamistische Terrorgruppe, die in den 1990er Jahren für über 500 politische Morde verantwortlich gemacht wur-

scheiden, ob das, was vor 90 Jahren passiert ist, ein ›Völkermord‹ war oder nicht?«

Immer noch wird innerhalb der Türkei um die Demokratie gerungen. Immer noch wägen die Leute sehr genau ab, was sie sagen, üben gewissermaßen Selbstzensur. Wer die Tabus verletzt, sieht sich unglaublichen Kampagnen ausgesetzt, und dessen Leben ist in Gefahr. Am schärfsten sind die Reaktionen, wenn es um die Armenierfrage geht. Wer der offiziellen Darstellung widerspricht, gilt sofort als »Armenierknecht« und sieht sich ausgegrenzt. Aber diejenigen, die dazu aufrufen, »Armenierknechten« den Mund zu stopfen, rufen weder bei der Regierung noch bei den Gerichten irgendeine Reaktion hervor.

In diesem Klima heißt es dann: »Lasst uns und die armenischen Historiker in Ruhe diskutieren.« Da fragt man sich doch: Wenn ihr die Äußerungen der sogenannten »Armenierknechte« nicht ertragt, warum wollt ihr dann die »Herren dieser Knechte« einladen? Man tut gerade so, um ein Beispiel zu nennen, als hätte hier der Film ›Ararat‹ vorgeführt werden können. Zwar hat der damalige Minister für Kultur, Erkan Mumcu, die Vorführung erlaubt, doch Drohungen der Ülkücü verhinderten, dass er in die Kinos kam.[1]

Ich selbst habe bis heute über die geschichtlichen Ereignisse überhaupt nichts geschrieben. Dabei habe ich viel gelesen, die Quellen pro und contra. Denn ich glaube, wir sollten uns erst darüber austauschen, wie man mit der Geschichte umgeht, bevor wir uns mit der Geschichte selbst befassen. So wie man zur Diskussion historischer Ereignisse Archive und Dokumente braucht, so braucht man für den Umgang mit Geschichte einen gewissen Anstand, eine gewisse Ethik. Wo beides fehlt, nutzen die Dokumente wenig.

Die ethische Haltung, die wir in der Armenierfrage brauchen, ist Empathie. Wenn wir heute die Katastrophe eines Volkes, wel-

---

de. Der Staat zerschlug die Hisbollah erst 1999, nachdem die PKK als militärisch besiegt galt.

1 »Ararat« (2004) ist ein Film von Atom Egoayan, der die Armeniermassaker zum Thema macht. ›Ülkücüler‹, wörtlich Idealisten, sind straff organisierte jugendliche Sympathisanten der extrem rechten »Partei der Nationalistischen Bewegung« (MHP).

ches 4 000 Jahre lang auf diesem Boden lebte und von dem heute in diesem Land fast nichts mehr übrig ist, mit Worten abtun wie: »Wie hätte man anders verfahren sollen, die Armenier hätten ja nicht Verrat üben müssen«, dann fehlt da nicht nur Empathie, dann heißt das auch, dass wir, wenn es nur nötig ist, heute wieder so handeln würden.

Ich glaube, die Entwicklung von Empathie ist der einzige Weg zu einem gemeinsamen Gedächtnis beider Gesellschaften und auch das einzige Mittel gegen den Druck des Auslands. Freilich, bevor es dazu kommt, dass wir [die Türken, die Mitglieder der türkischen Gesellschaft] mit den Armeniern sprechen, müssen wir erst lernen, unter- und miteinander zu reden. Denn mit den Armeniern zu reden, erfordert als erstes einen bestimmten Stil, einen Stil, welcher die nationale Ehre und Würde des jeweils anderen achtet. Wie sollen wir die Würde der Armenier achten, wenn wir unseren eigenen Bürgern diese Achtung noch vorenthalten? Und umgekehrt: Wenn wir mit den Armeniern so sprechen, wie wir es gewohnt sind, was erwarten wir dann von so einem Gespräch? Oder geht es uns nur darum, uns immer wieder selber zu bestätigen? Dann können wir, in Gottes Namen, in der gewohnten Weise fortfahren.

Anmerkungen zur Methodologie I   *3. Juni 2005*

Nun, da die Gemüter etwas abgekühlt sind, ist es an der Zeit, einige Aspekte zu beleuchten, die während der Aufregung um die Armenierkonferenz in Istanbul[1] unter den Tisch gefallen sind. Einer der Punkte, an denen sich vor der Absage der Konferenz die Polemik entzündet hatte, war die Frage, ob eine ähnliche Veranstaltung in der Republik Armenien stattfinden könnte oder nicht.

---

1 Im Mai 2005 sollte die erste Konferenz in der Türkei zu den Ereignissen von 1915 stattfinden, mit Beiträgen, die der offiziellen türkischen Darstellung widersprechen. Allein die Absicht rief Proteste hervor; die Konferenz wurde abgesagt, nachdem der damalige Justizminister und Regierungssprecher Cemil Çicek (AKP) sie als »Dolchstoß in den Rücken« der Türkei bezeichnet hatte. Die Konferenz fand jedoch später, im September, statt.

Zu dieser Frage hatte mich damals Oktay Ekşi angerufen, der Chefkommentator der Tageszeitung Hürriyet. In seiner Zeitung schrieb er dann, er habe mich gefragt, ob es denn möglich sei, in Armenien ein Symposium abzuhalten, auf dem die These, »Die Türken haben keinen Völkermord verübt«, vertreten würde. Er schrieb, ich hätte darauf Folgendes geantwortet: »Das ist vollkommen unmöglich. Denn dort ist der Völkermord offiziell so festgeschrieben, dass es unmöglich ist, das Gegenteil zu behaupten.« Zwar habe ich das so nicht gesagt, aber das schadet nichts. Mir geht es hier nicht um Polemik, sondern darum, die Dimensionen aufzuhellen, die zum Verständnis des Themas wichtig sind. Das habe ich auch Oktay Ekşi erklärt. Heute will ich da weitermachen, wo er aufgehört hat.

Zuerst dazu, was in Armenien möglich wäre und was nicht. Natürlich können in Armenien Symposien zu allen Themen und mit Beteiligung von Türken und anderen Ausländern veranstaltet werden, egal welcher Meinung diese Gäste sind. Solche Symposien gibt es auch. Die letzte Konferenz ist gar nicht lange her. Am 20. April fand eine internationale Konferenz unter Beteiligung von Baskın Oran, Murat Belge und Taner Akçam statt.[1] Dort kritisierte Baskın Oran die Armenier scharf, und ihm wurde in der gleichen Schärfe geantwortet. Aber Baskın Oran war da, hat mitten in Jerewan seine Kritik offen vorgetragen, hat Kritik eingesteckt und ist, so viel ich weiß, äußerst zufrieden in die Türkei zurückgekehrt; keine Aufregung, kein Tamtam.

Kommen wir zu der Frage, ob die Armenier unter sich wohl ein Symposium mit ähnlichem Tenor ausrichten würden. Das ist es wohl, was Oktay Ekşi gemeint hat. Ganz prinzipiell ist das natürlich möglich, doch findet sich wohl kein Armenier, der so denkt und so etwas behauptet. Mehr noch, es gibt keinen Armenier in Armenien, der dieser Meinung ist und der dafür angegriffen oder verurteilt worden ist. Und wenn morgen doch einer so etwas behauptet? Dann wird es nur heißen, »der spinnt!« – und keiner würde die Notwendigkeit sehen, ihn dafür zu bestrafen.

---

1 Alle drei sind bekannte, liberale türkische Intellektuelle. B. Oran, em. Prof. für Politische Wissenschaften, M. Belge, Prof. für Vergleichende Literaturwissenschaft, Taner Akçam, Historiker, Spezialist für die armenische Frage.

Deshalb ist das, was Oktay Ekşi schrieb, eben sehr unvollständig. Ich habe nicht von »offiziellem Festschreiben« geredet, da gibt es kein Gesetz, und deshalb kann gegen so ein Gesetz auch nicht verstoßen werden. Was es dort gibt, ist eine allgemeine Haltung, die wichtiger als ein Gesetz ist. Es geht um eine Auffassung von der Geschichte, die das ganze Volk so sehr verinnerlicht hat, dass sie gewissermaßen ein Teil der genetischen Information dieser Nation geworden ist.

Das trifft nicht nur für die Armenier in Armenien zu. Bis auf einige Ausnahmen, die nur psychologisch erklärbar sind, gilt das in gleicher Weise für die Armenier der Diaspora. Man kann deshalb ohne Einschränkung sagen, dass sich die offizielle Darstellung der Geschichte und die Überzeugung des Volkes vollständig überlappen. Das rührt nicht nur daher, dass das Bildungssystem den Leuten diese Sichtweise einimpft. In jeder Familie werden persönliche Erlebnisse berichtet, und die sind stärker als jede offizielle Lehre. Es liegt also nicht primär am Fehlen demokratischer Kultur im heutigen Armenien, dass ein solches Symposium im Grunde undurchführbar ist, sondern daran, wie dort Geschichte aufgefasst wird.

Ich glaube nicht, dass die Diskussion der armenischen Frage als Maßstab für den Grad der Meinungsfreiheit in der Türkei und in Armenien taugt. Denn auf der einen Seite haben wir eine Geschichtsauffassung, die in Frage gestellt wird, und auf der anderen Seite eine Auffassung der Geschichte, die vollständig verinnerlicht worden ist. Bei den Armeniern gibt es keine Fragezeichen in Bezug auf Geschichte, bei den Türken dagegen wohl. Keiner sieht die Notwendigkeit, die Armenier zu überzeugen, viele meinen jedoch, die Türken müssten überzeugt werden.

Wer glaubt und hofft, er könne mit neuem Material aus den [osmanischen] Archiven und mit neuen Informationen die Haltung der Armenier zu ihrer Geschichte ändern, dem kann man nur viel Erfolg wünschen. Im Grunde muss man mit diesem Material wohl erst die türkische Gesellschaft überzeugen, natürlich ohne Zwang und ohne Geheimniskrämerei. Wer dazu nicht bereit ist, dem kann es leicht passieren, dass er die Wut darüber, dass er die eigene Bevölkerung nicht überzeugen kann, an den Armeniern auslässt, die sich ihrer Geschichte sicher sind.

90 Jahre nach 1915 greift man in der Türkei zu einem zweiten Argument und spricht jetzt von »dem eigenen Schmerz und von den eigenen Verlusten«. »Soll man vergessen oder nicht?« werden jetzt Kommentare überschrieben, die in etwa so argumentieren: »Nicht nur die Armenier erfuhren Leid. Auch die Türken hatten große Verluste. Millionen von Muslimen mussten damals ihr Leben lassen. Was den Muslimen widerfuhr, die vom Balkan und aus dem Kaukasus vertrieben worden sind, steht dem, was die Armenier litten, in keiner Weise nach.[1] Bis heute tendierten wir dazu, dieses Leid zu vergessen. War das vielleicht ein Fehler? Sollen wir es jetzt in den Vordergrund rücken. Und wem ist damit gedient?«

Doch ist es beiden Völkern gegenüber schändlich, wenn man versucht, das Festhalten der Armenier an ihrem Leid damit zu vergleichen, dass die Türken ihr Leid vergessen mussten und damit anzudeuten, die Armenier würden ihr Leid nur schreierisch zu Schau stellen und Mitleid schamlos ausnutzen. Da gibt es gleich mehrere Denkfehler: Kein Leid [eines Volkes] macht das Leid eines anderen [Volkes] ungeschehen und nimmt ihm sein Gewicht. Und wenn ein Volk gezwungen wird, so vieles zu vergessen, schmälert das die Erinnerung des anderen Volkes nicht.

Es kann gut sein, dass wir als Land [die Türkei] verpasst haben, was in der Welt zu diesem Thema gesagt worden ist, doch hat die Menschheit lange um Antwort gerungen und sich für folgendes Motto entschieden: »Vergiss nicht und lass nicht vergessen, auf dass es nicht wieder geschieht.« Das ist der Grund, warum die Völkermorde der Geschichte so viel Aufmerksamkeit er-

---

1 Als Folge von Kriegen auf dem Balkan, insbesondere des Osmanisch-Russischen Kriegs von 1879 und der Balkankriege von 1912 bis 1913, die mit großen Gebietsverlusten für die Osmanen verbunden waren, kam es auf dem Balkan gewissermaßen zu einer ethnischen Säuberung gegen Türken und Muslime. Nach offiziellen türkischen Angaben wanderten von 1876 bis 1927 1 994 999 Muslime aus dem Balkan und dem Kaukasus in die enger werdenden Grenzen des Osmanischen Reichs bzw. ab 1923 der Republik Türkei ein. Cem Behar (Hg.) Omanlı İmperatorluğu ve Türkiye nüfusu, Band II, DİE, Ankara 1996, S. 51 und 62.

halten und warum man sich so anstrengt, dass nichts vergessen wird. »Soll man vergessen oder nicht?« Weltweit ist diese Frage längst entschieden. Was können andere dafür, dass wir das immer noch nicht wissen?

Doch man muss tiefer bohren. Warum vergisst ein Volk und das andere vergisst nicht? Hat das eine nur ein besseres Gedächtnis? Welche Gründe gibt es noch? Ich habe nichts davon gehört, dass Biologen die Völker nach weniger vergesslichen und sehr vergesslichen Nationen gruppiert hätten, und mir fällt auch keine ethische Lehre ein, die »unmoralische Völker, die nicht vergessen wollen« von »moralischen Völkern, die gern vergessen wollen«, trennt. Wahrscheinlich besteht das Geheimnis darin, dass jedes für sein Vergessen und Erinnern ganz eigene Gründe hat.

Was die Türkei betrifft, ist ihr Geheimnis längst kein Geheimnis mehr. Der Grund dafür, dass die Gesellschaft der Türkei das Leid ihrer jüngsten Geschichte gründlich vergessen hat, beruht nicht auf freier Entscheidung, sondern auf einer Politik, welche die Trümmer der Osmanen einfach beiseiteschob und vom imaginären Punkte Null aus eine neue Gesellschaft aufbauen wollte. Doch diese Politik besteht aus reiner Oktroyierung, erinnert heute an die Größe der Osmanen und leugnet morgen ihre Fehler und bringt auf diese Weise historisches Bewusstsein vollkommen durcheinander. So kann weder »Altes« vergessen noch »Neues« aufgerichtet werden.

Wenn heute das Gewissen der [türkischen] Gesellschaft darin versagt, politische Morde und die Susurluk-Affäre zu bewerten, hat das genau dieselbe Ursache: die Anordnung, schlicht zu vergessen. Es ist doch ein beklagenswerter Geisteszustand, dass viele Leute es für eine Tugend halten, die Einnahme Istanbuls vor vielen hundert Jahren, 1453, jedes Jahr neu prächtig zu feiern, doch die Millionen von Toten vor, während und nach dem Ersten Weltkrieg[1] ganz einfach zu vergessen? Die Amnesie in der Türkei

---

1 Die Opfer des anschließenden türkischen Unabhängigkeitskrieges eingerechnet, verlor Kleinasien im Ersten Weltkrieg 20 Prozent seiner Bevölkerung, 20 mal mehr als Frankreich, das in Europa am stärksten unter dem Ersten Weltkrieg gelitten hat. E. J. Zürcher: Turkey a modern history, London 1993, S. 171.

hat wenig mit Moral zu tun, dagegen viel mit Zwang und Angst. Und wer hier immer noch für das Vergessen eintritt, der fürchtet nicht nur das Vergangene, der fürchtet auch die Zukunft. Denn nur, was nicht vergessen wird, garantiert unsere Zukunft.

Schwere Zeiten

Die Eidechse Abdullah   *11. Oktober 2004*[1]

Die Zeitung Yeniçağ hat meinen Artikel vom Freitag zum Anlass genommen, zu behaupten, ich hätte Atatürk[2] beleidigt und mich mit der Überschrift »Schau' Dir den Armenier an!« erneut rassistisch angegriffen. Um die Zielscheibe solcher Leute zu werden, muss man nicht erst zur Feder greifen. Es reicht vollkommen aus, dass man Armenier ist und sich nicht vollkommen versteckt. Kreise wie diese haben sich so daran gewöhnt, dass die Armenier sich immer nur ducken, dass Hrant Dink, der sich mit seiner eigenen Identität zu Wort meldet, sie vollkommen aus dem Häuschen bringt. Dieser Vorfall hat mich erneut an eine bittere Geschichte erinnert, die ich aufschreiben will.

Es war im Jahre 1918, in einem Dorf am Fuße des Süphan.[3] Da war einer mit knapper Not allem, was vorgefallen war, entflohen und hatte sich ins Dorf von Cismail gerettet. Es war die Zeit, als jeder jeden fürchtete und sich gleichzeitig jeder an jeden klammern musste. Die Dorfbewohner ahnten etwas, doch zogen sie es vor, zu schweigen. Manchmal ist es auch besser, wenn man etwas nicht sicher weiß. So kam es, dass er blieb. Warum auch nicht, er tat ja niemandem etwas, hauste in einem Mauerloch am Rande der Viehhürde. Scheu war er, wie die Eidechsen, welche unter den Steinen wohnen und beim geringsten Laut zwischen ihnen verschwinden. Wenn er sich zeigte, dann nur, um beim Dreschen zu helfen für ein, zwei Stück Brot und um wieder zu verschwinden. Es war die Zeit, da so viel Blut vergossen wurde und jeder ums Überleben kämpfte. Die Dörfler nannten ihn Abdullah, ›Diener Gottes‹, wie man Dahergelaufene oft nennt.

---

1   Hrant Dink veröffentlichte diese Geschichte zuerst im November 2001 in AGOS und aus gegebenem Anlass mit einer neuen Einleitung in der linken Tageszeitung Bir Gün im Oktober 2004.
2   Mustafa Kemal Atatürk, Staatsgründer und politische Ikone der Republik Türkei.
3   Berg am nördlichen Ufer des Van-Sees in der Osttürkei.

So ging das, bis der junge Ismail, der drittjüngste der Söhne Cismails eines Tages Abdullah pinkeln sah. Neugierig bückte er sich vor und lugte auf Abdullahs schlappes Glied. Dann stieß er einen Schrei aus, rannte ins Dorf zurück und rief: »Kommt alle her, der von Abdullah hat ein Stück Haut zu viel. Ich hab's mit eigenen Augen gesehen, der von Abdullah hat ein Stück Haut zu viel.« Sicher ist die Geschichte aufgebauscht, doch nach dem, was man mir erzählte, verschwand Abdullah sofort in seinem Loch, so schnell wie eine Eidechse. Nur kurz darauf prasselten Steine auf den Unterschlupf, denn Alt und Jung waren herbeigerannt, um Abdullah zu steinigen. »Komm raus du Giaur, jetzt wissen wir, woran wir mit dir sind!«

Doch dann ertönten Schritte, die Tür zur Hürde wurde aufgetan, und Cismail, der Abdullah immer beschützte, trat vor und hielt die anderen zurück. »Komm raus Abdullah«, sagte er, »gib mir die Hand, ich pass' schon auf dich auf!« Doch kaum fühlte Cismail, was ihm Abdullah da entgegenstreckte, zog er die Hand ganz schnell zurück. Denn was Abdullah ihm gegeben hatte, war nicht die Hand, sondern ein blutiges Stück Haut.

Da drehte sich Cismail um und sagte zu den anderen: »Jetzt lasst den armen Hund in Ruhe, los ab mit euch zurück ins Dorf.« Fortan ließ man Abdullah unbehelligt, er war ja nun beschnitten.

Jetzt haben wir 2004. Die Zeitung Yeniçağ titelt: »Schau dir den Armenier an!« Und ich, ich fühle mich, obwohl ich mich nicht ängstlich machen lassen will, ganz so wie damals wohl die Eidechse Abdullah. Ist es das, was ihr wollt? Verzeiht, so ist das nun mal bei Reptilien.

Zeit für Psalmen   *14. Oktober 2005*

Ich kenne Onkelchen Abdülkadir gar nicht. Die E-Mail, die er mir geschickt hat, hat seine Schwiegertochter für ihn aufgeschrieben und an mich gesandt. »Erlaub', dass ich dich Söhnchen nenne!«, so fangen seine Zeilen an, und dann schreibt er: »Wir sind im Fastenmonat Ramadan, und ich verrichte wieder alle fünf täglichen Gebete. Und immer bete ich auch für dich! Hab keine

Angst, ich flehe Gott an, dass er dich beschützt. Vertrau auf mein Gebet!« Frau Varsenik dagegen kenne ich gut, sie ist die Freundin meiner Frau. Sie sitzen jetzt wieder zusammen beim Gebet.

Ich sitze im Büro und habe Amberin Zaman zu Gast, die mich zu meiner Verurteilung befragt.[1] Frau Varsenik weiß ganz genau, dass ich beschäftigt bin und lässt sich trotzdem nicht abwimmeln. Sie muss mir einen Psalm vorlesen, und sei's am Telefon: »Gott ist unsere Zuversicht und Stärke. Eine Hilfe in den größten Nöten, die uns getroffen haben. Darum fürchten wir uns nicht, wenngleich die Welt unterginge und die Berge mitten ins Meer sänken, wenngleich das Meer wütete und wallte und von seinem Ungestüm die Berge einfielen.«[2]

Wenn nur Amberin nichts davon bemerkt, wie mir zumute ist, dass ich den Tränen nahe bin und mir das Herz so eng wird. Ich bin doch schon als ein Gefühlsdusel bekannt und sollte mich vor der Zeitungsfrau ein bisschen mehr zusammennehmen. Doch andererseits, was soll ich tun? Ich hab' doch keine andere Waffe. Zwar hab' ich auch meinen Verstand, doch in der Regel regiert mich das Gefühl. Ich bin ja kein Politiker. Mein ganzes Leben lang hab' ich mich so verhalten und so geredet, wie ich fühlte und vorher keine Berechnung angestellt. Und auch als ich gesagt habe, »wenn es nicht anders geht, verlasse ich dieses Land«,[3] kam das aus tiefstem Herzen.

Doch manchmal denke ich, mehr als meine Gefühle und meine Aufrichtigkeit scheine ich auch gar nicht zu brauchen. Muslime und Christen beten für mich. Die einen denken an die Sprüche des Propheten, die anderen an die Psalmen. Und ich, soll ich mein linkes Bewusstsein einschalten und mich von Gott fern halten, oder soll ich erneut meinem Gefühl folgen und jene Psalmen singen, die ich schon als Kind lernte? He, ihr meine linken Kollegen und he, ihr Atheisten, meine Freunde, verachtet

---

1 Die Korrespondentin des Economist in der Türkei befragte Hrant Dink zu seinem Schuldspruch wegen »Erniedrigung des Türkentums«, § 301 des türkischen Strafgesetzbuchs.
2 Die Psalmen nach der Lutherbibel von 1912.
3 Vgl. dazu den Artikel »Vor Angst verschreckt, wie eine Taube«.

mich jetzt nicht, wenn ich den 23. Psalm ganz leise vor mich hinsage. Versucht einfach, mich zu verstehen.

»Der Herr ist mein Hirte, mir wird nichts mangeln. Er weidet mich auf grüner Aue und führet mich zum frischen Wasser. Er erquickt meine Seele, er führet mich auf rechter Straße um seines Namens willen. Und ob ich schon wandere im finsteren Tal, fürchte ich kein Unglück, denn du bist bei mir ...«

Es gibt Psalmen, die kannte ich als Kind auswendig, sogar auf Armenisch. Preise im Psalmensingen habe ich gewonnen. Aber ich dachte damals immer, dass mir das alles nicht viel nützt, wenn ich erst einmal groß bin. Jetzt bin ich wohl erwachsen, doch immer noch nicht ganz vernünftig und bin vielleicht deshalb noch immer auf die Psalmen angewiesen. Heute ist es wieder so weit, heute ist wieder Zeit für Psalmen, und ich flüchte mich in den mit der Nummer 91. »Denn er hat seinen Engeln befohlen über dir, dass sie dich behüten auf allen deinen Wegen, dass sie dich auf Händen tragen und du deinen Fuß nicht an einen Stein stoßest. Auf Löwen und Ottern wirst du gehen und treten auf junge Löwen und Drachen. Er begehrt mein, so will ich ihm aushelfen, er kennt meinen Namen, darum will ich ihn schützen«, spricht der Herr. »Er ruft mich an, so will ich ihn erhören; ich bin bei ihm in der Not; ich will ihn herausreißen und zu Ehren bringen. Ich will ihn sättigen mit langem Leben und will ihm zeigen mein Heil.«

Wie gut, dass es Euch gibt!   *4. August 2006*

Jeder kennt das, wenn ein Pech auf das andere folgt und du dich fühlst, als seiest du unter Kreuzfeuer genommen. Ein Freund stirbt dir weg, und jemand, der dir teuer ist, leidet an einer schweren Krankheit; der Staat schlägt unerwartet zu, und gleichzeitig fühlst du dich aus den eigenen Reihen heraus verraten und verkauft. Doch wenn du glaubst, dass du vollkommen in die Ecke gedrängt bist, taucht plötzlich eine Hand von irgendwoher auf und zieht dich wieder ans Licht, als wollte einer sagen: »Lass dich nicht unterkriegen, widerstehe und mach weiter!«

So ging es mir in den vergangenen Wochen. An einem Tag

starb Reha Mağden, am anderen Duygu Asena. An einem Tag erkrankte mein Freund Ali Bayramoğlu, am anderen mein alter Freund Mehmet Uzun.[1] An einem Tag verurteilt mich der Kassationsgerichtshof für eine Tat, die ich niemals begangen habe, zu sechs Monaten Freiheitsstrafe, am anderen Tag sagen selbst einige Armenier: »Geschieht ihm recht, er hätte eigentlich noch mehr verdient.« Dann tauchen wieder helfende Hände auf von Leuten, die man bisweilen überhaupt nicht kennt. Sie sammeln Unterschriften und veröffentlichen offene Briefe, die Unterzeichner solidarisieren sich mit mir, und zeigen sich sogar selbst an: »Lass dich nicht unterkriegen, widerstehe und mach weiter!«

Einer, der so die Hand reicht, ist Rafi aus Melbourne. Er hat es sich nicht nehmen lassen, von dort an Ahmet Necdet Sezer einen Brief zu schreiben, an den Staatspräsidenten der Türkei. Mir hat er einen Durchschlag zugeschickt:

»Verehrter Herr Staatspräsident, lassen Sie mich den Brief damit beginnen, meine Verehrung und allerbesten Wünsche für Ihre Gesundheit auszudrücken. Verehrter Herr Staatspräsident, ich habe bis zum Alter von vierzig Jahren in der Türkei gelebt, und lebe jetzt seit 18 Jahren in Australien, bin armenischer Abstammung und türkischer Staatsbürger. Mein Vater hat für Celal Bayar, Adnan Menderes, Cemal Gürses und Cevdet Sunay,[2] Gott hab sie alle selig!, den Rockschneider gemacht, bevor er dann vor 13 Jahren hierher kam. Drei Jahre später starb er und hat vor seinem Tod immer von der Türkei gesprochen. Verehrter Herr Staatspräsident, ich spreche keine andere Sprache als Türkisch, lese türkische Zeitungen, höre türkische Nachrichten, lebe alleine hier und bin mit meinem Kopf in der Türkei.

Deshalb bin ich einer von denen, die hier zwischen die türkische und armenische Front geraten sind und deshalb Hrant Dink und Etyen Mahçupyan[3] eingeladen haben. Ich habe gut verstan-

---

1 Reha Mağden, linker Journalist und Autor; Ali Bayramoğlu, linksliberaler Intellektueller; Duygu Asena, lange die prominenteste türkische Feministin und Mehmet Uzun, kurdischer Schriftsteller, der in der Türkei die ersten Romane in seiner Muttersprache schrieb.

2 Ehemalige Staats- und Ministerpräsidenten der Türkei.

3 Der neben Hrant Dink bekannteste armenische Intellektuelle der Türkei, Freund Hrant Dinks.

den, was Hrant Dink in den Jahren 2003 sowie 2005 in Sydney und in Melbourne vorgetragen hat. Mit den Worten von der Blutvergiftung,[1] für die er jetzt verurteilt worden ist, hat er nicht von den Türken, sondern von den Armeniern gesprochen. Hrant Dink hat sie dazu gedrängt, den Armen in der Republik Armenien zu helfen, statt ihre ganze Energie nur immer wieder im Streit mit der Türkei zu vergeuden. Diaspora-Armenier haben darauf sehr kritisch reagiert. Hrant Dink ist es jedoch gelungen, Hunderte junge Armenier zu überzeugen. Verehrter Herr Staatspräsident, Hrant Dink setzt sich sehr dafür ein, dass die Menschen der Türkei und Armeniens eines Tages friedlich zusammenleben. Nicht er, sondern der, der ihn zum Feind erklärt, ist ein Feind der Türkei, und solche Leute schaden unserem Land seit langem.

Verehrter Herr Staatspräsident, ich weiß, dass Sie ein würdiger, bescheidener und aufrichtiger Mann sind, den viele sich zum Vorbild nehmen sollten. Nur deshalb schreibe ich Ihnen. Mein Anliegen und meine Hoffnung sind es, dass Sie Hrant Dink, in ihren Augen und vor dem eigenen Gewissen freisprechen. Verehrter Herr Staatspräsident, seien Sie nochmals meiner Hochachtung versichert, ich wünsche alles Gute und küsse Ihre Hände. Rafael Demirci.

Danke Rafi, Danke Freunde, wie gut, dass es Euch gibt.

Warum sie mich als Zielscheibe gewählt haben

12. Januar 2007

Wegen »Erniedrigung des Türkentums«, ein Vergehen, das ich niemals begangen habe, wurde ich [rechtskräftig] zu sechs Monaten Freiheitsstrafe verurteilt. Mir bleibt deshalb nur, mich an den Europäischen Gerichtshof für Menschenrechte zu wenden. Am 17. Januar werden meine Rechtsanwälte dort Klage einreichen. Sie meinten, ich müsse aufschreiben, wie es dazu gekommen ist und diese Schilderung der Klage beilegen. Weil für mich selbst das Urteil der türkischen Gesellschaft genauso wichtig ist, wie das des Europäischen Gerichtshofs, geht diese Schilderung

---

1   Vgl. dazu die Einführung und den folgenden Artikel.

nicht nur an den Gerichtshof, sondern wird außerdem veröffentlicht. Wäre ich nicht gezwungen, in Straßburg Klage einzu-
reichen, wäre der Text wohl nie entstanden, und ich hätte man-
ches, was er enthält, und auch mein Innenleben wohl nie publik
gemacht. Doch es ist, wie es ist und es ist wohl das Beste, wenn
alles öffentlich gemacht wird.

Die Frage, die sich nicht nur für mich und nicht nur für die
Armenier, sondern auch für die türkische Öffentlichkeit in dieser Sache stellt, lautet: »Warum ist nur Hrant Dink nach dem
Paragraphen 301 des Strafgesetzbuchs »Erniedrigung des Türkentums« verurteilt worden, während die vielen anderen Verfahren
aufgrund des gleichen Paragraphen über technische oder juristische Auswege bereits in der ersten Sitzung eingestellt worden
sind?«[1]

Es ist uns allen im Gedächtnis, wie im Verfahren gegen Orhan
Pamuk[2] die Zuständigen bereits lange vor dem ersten Verhandlungstag nach einer Möglichkeit suchten, den Strafprozess zu
kippen. Schließlich behielten jene recht, die meinten, ein solches
Verfahren brauche die Zustimmung des Justizministers. Der wand
sich in dieser Angelegenheit wie eine Schlange, spie einerseits
Gift und Galle gegen Orhan Pamuk und wollte ihn gleichzeitig
dazu bringen, alles in Abrede zu stellen. Als dann am ersten Sit-
zungstag [nationalistische] Vandalen mit tätlichen Angriffen [auf
Orhan Pamuk, die Verteidiger und das Publikum] die Türkei
vor aller Welt blamierten, wurde der Prozess ohne einen weiteren Verhandlungstag durch Einstellung beendet.

Noch glimpflicher verlief die Sache bei Elif Shafak.[3] Auch

---

1 Hrant Dink bezog sich hier auf die im Folgenden genannten Verfahren
   gegen Prominente. Von 2003 bis zum September 2007 wurden 1 144 Klagen
   nach § 301 erhoben, von denen 745 zu einer Verurteilung führten, Tageszeitung Radikal vom 16. April 2008.
2 Pamuk wurde wegen »Erniedrigung des Türkentums« angeklagt, weil er
   gesagt hatte, in der Türkei seien 30 000 Kurden und eine Million Armenier
   getötet worden und keiner würde sich trauen, das zu sagen.
3 Türkische Schriftstellerin, angeklagt wegen »Erniedrigung des Türkentums«,
   weil Figuren ihres Romans *Baba ve piç* (auf Deutsch unter dem Titel »Bas-
   tard von Istanbul« erschienen) von einem »Völkermord« an den Armeniern sprechen.

hier herrschte am Anfang große Aufregung, doch wurde Shafak bereits in der ersten Sitzung freigesprochen. Sie erschien gar nicht erst vor Gericht, und Regierungschef R. Tayyip Erdoğan rief sie persönlich an und beglückwünschte sie.

Ganz ähnliche Lösungen fanden sich für Akademiker und Journalisten, welche nach der Armenierkonferenz Texte geschrieben hatten, die ihnen Anklagen wegen »Erniedrigung des Türkentums« einbrachten.

Dass ich betone, wie leicht alle anderen davongekommen sind, bedeutet nicht, dass ich mir für sie einen anderen Ausgang gewünscht hätte. Im Gegenteil, ich weiß, was für eine Belastung allein die polizeilichen Nachforschungen, die Anklage und die Eröffnung des Verfahrens für alle diese Freunde waren. Ich frage mich hier nur, warum bei dem Verfahren gegen mich viele geschwiegen haben, die beim Verfahren gegen andere ihrer Sorge beredt Ausdruck gaben.

Der glimpfliche Ausgang der anderen Verfahren nach Paragraph 301 erlaubte der Regierung, dem Druck der Europäischen Union standzuhalten [die seit Jahren die Streichung dieses Paragraphen fordert] und zu sagen, seht her, es geht ja alles gut. Nur beim Prozess gegen Hrant Dink versagte dieses Argument, und die Regierung stand ziemlich hilflos da. Erneut erhebt sich deshalb die Frage: »Weshalb wurde nur ich nach Paragraph 301 verurteilt?«

Wir alle brauchen die Antwort auf diese Frage, am nötigsten wohl ich. Denn ich bin auch ein Bürger dieses Landes und habe stets darauf bestanden, dass ich die gleichen Rechte habe. Sicher wurde ich oft benachteiligt, weil ich Armenier bin. So 1986, als ich in der Stadt Denizli beim 12. Infanterieregiment meinen verkürzten Wehrdienst leistete. Damals wurden alle Soldaten meines Jahrgangs mit der Vereidigung zum Gefreiten befördert, nur ich blieb ohne Rang. Ich war schon damals ein erwachsener Mann und Vater von zwei Kindern, weshalb mich das im Grunde nicht hätte stören sollen, zumal ich dadurch gleichzeitig von schwierigen und gefährlichen Aufgaben befreit war. Und trotzdem ärgerte mich die Diskriminierung. Ich werde nie vergessen, dass ich, während die anderen nach der Vereidigung mit ihren Angehörigen gefeiert haben, zwei Stunden lang traurig in der Baracke saß und dass der Kommandant mich zu sich rief und sagte: »Mach dir nichts draus, und falls du Schwierigkeiten hast, dann melde dich bei mir!«

Nochmals, ich denke keineswegs, dass im Namen der Gleichbehandlung auch andere nach Paragraph 301 hätten bestraft werden sollen. Doch als jemand, der nicht zum ersten Mal ungleich behandelt wird, stellten sich bei mir sofort Zweifel ein: »Hat das etwas damit zu tun, dass du Armenier bist?«

Wenn ich das, was ich fühle und das, was ich weiß, zusammenbringe, ist meine Antwort klar: Es gibt irgendwo Leute, die meinen: »Dieser Hrant Dink treibt es zu bunt, dem muss man Grenzen setzen!« Das ist eine Behauptung, die mich und mein Armeniersein sehr wichtig nimmt. Ich muß deshalb das, was ich weiß, darlegen und es Ihnen [den Lesern] überlassen, sich ein Urteil zu bilden.

Warum wohl spreche ich davon, dass man mir Grenzen setzen will? Ich weiß, dass schon seit 1996, seit wir AGOS herausbringen, seit wir Probleme der armenischen Gemeinschaft ansprechen und Forderungen stellen und seit wir die offizielle Geschichtsschreibung hinterfragen, an manchen Stellen gedacht wird, wir gingen viel zu weit. Doch was das Fass zum Überlaufen brachte, war zweifellos unser Artikel vom 6. Februar 2004, der Sabiha Gökçen[1] betraf. Der Artikel trug die Überschrift »Das Geheimnis der Frau Sabiha« und war mit »Hrant Dink« unterzeichnet. Wir behaupteten darin, das Mädchen, welches Atatürk an Kindes statt angenommen hatte, habe aus einem armenischen Waisenhaus gestammt. Als Quelle gaben wir Verwandte [Sabiha Gökçens] in Armenien an. Zum nationalen Ereignis wurde die Nachricht, als die Tageszeitung Hürriyet sie zwei Wochen später als Großereignis auf der ersten Seite brachte. Zwei Wochen lang nahmen sich Kommentatoren aller Zeitungen der Geschichte an und auch sonst meldeten sich viele Beteiligte und Unbeteiligte

---

1 Sabiha Gökçen war die erste Kampfpilotin der Türkei, Nach ihr ist der asiatische Flughafen Istanbuls benannt. Sabiha Gökçen war jedoch auch eines der Mädchen, die von Staatsgründer Kemal Atatürk (nach ihm ist der europäische Flughafen Istanbuls benannt) an Kindes statt angenommen und unter seiner Obhut erzogen worden sind.

zu Wort. Am schwerwiegendsten freilich war eine schriftliche Stellungnahme des türkischen Generalstabschefs. Wörtlich hieß es darin: »Egal mit welcher Absicht es geschieht, eine Diskussion über ein solches Symbol zu führen, ist ein Verbrechen gegen die nationale Einheit und den gesellschaftlichen Frieden.« Für die Verfasser der Erklärung war die Veröffentlichung dieser Nachricht ein böswilliger Akt, der offensichtlich darauf zielte, einer Person ihr Türkischsein zu rauben, die zum Symbol des Mythos von der [modernen] türkischen Frau geworden war.[1] Wer steckte hinter dieser Sache und was für einer ist Hrant Dink?

Die Stellungnahme der Generäle trug das Datum 22. Februar. Es war ein Sonntag, und ich hörte mir die lange Erklärung in den Fernsehnachrichten an.[2] Ich schlief nicht gut in dieser Nacht, ich wusste, es liegt etwas in der Luft. Es zeigte sich nur allzu bald, daß mein Gefühl mich nicht getrogen hatte.

Am nächsten Tag, relativ früh am Morgen, klingelte mein Telefon. Am anderen Ende der Leitung war einer der Stellvertreter des Gouverneurs. Er fordert mich mit deutlichen Worten auf, mit dem Material meiner Nachricht im Gouverneursamt vorzusprechen.[3] Ich frage nach dem Zweck der Unterredung. Er sagte, man wolle sich nur »unterhalten und das Nachrichtenmaterial einsehen«. Ich rief dann Journalisten mit mehr Erfahrung an. Sie meinten, das sei ungewöhnlich und auch nicht Teil eines geregelten Verfahrens. Trotzdem, so rieten sie mir, sei es wohl besser, der Einladung zu folgen.

Das tat ich auch. Der Gouverneursstellvertreter war sehr höflich. Als er mich in sein Zimmer bat, hatten dort schon zwei weitere Beamte Platz genommen, darunter eine Frau. Das seien Freunde von ihm, sagte der Gouverneursstellvertreter und frag-

---

1   Das bezieht sich auf eine kritische Diskussion der zentralstaatlich durchgeführten Modernisierung der Türkei, die vorbringt, das Bild der modernen, nach westlichen Vorbildern lebenden türkischen Frau habe die autoritären Dimensionen dieser Modernisierung verdeckt.

2   Erklärungen des Generalstabs, die eine politische Aussage haben, werden in der Türkei in allen Fernsehsendern vom Anfang bis zum Ende verlesen. Auch alle Zeitungen drucken den Text vollständig ab.

3   Die Türkei ist in 81 Provinzen untergliedert, die alle einen von der Zentralregierung ernannten Gouverneur haben, der sie in der Provinz vertritt.

te, ob ich etwas dagegen hätte, wenn sie blieben und am Gespräch teilnähmen. Ich sagte Nein, denn mir war klar, in welch sensible Lage ich geraten war. Dann kam mein Gastgeber ohne weitere Umschweife zum Thema, auf eine Art, wie ich es nicht vermutet hätte. »Herr Dink«, sagte er, »Sie sind doch ein erfahrener Journalist. Sollten Sie bei Ihren Nachrichten nicht ein bisschen vorsichtiger vorgehen? Besteht für solche Art von Nachrichten wirklich ein Grund? Welche Aufregung Sie da ausgelöst haben. Das sind doch Dinge, die Sie wissen und auch wir, aber was versteht denn der Mann auf der Straße davon? Der denkt doch gleich, Sie würden solche Dinge absichtlich verbreiten. Sehen Sie, hier habe ich eine Akte. Es handelt sich dabei um einen Antrag des armenischen Patriarchen. Auf einigen Internetseiten planten Verrückte Anschläge auf armenische Einrichtungen. Wir haben nachgeforscht, solche Leute in Bursa aufgetan und sie natürlich gleich der Justiz übergeben. Sie sehen daran, was es alles für Leute gibt. Wäre es da nicht ratsam, etwas vorsichtiger zu sein?«

Danach ergriff der männliche der beiden Gäste im Raum das Wort und riss das Gespräch an sich. Im Grunde wiederholte er, was der Gouverneursstellvertreter gesagt hatte, nur waren seine Worte deutlicher. »Über den Stil mancher ihrer Artikel lässt sich streiten«, doch wir verstehen, dass sie keine bösen Absichten hegen«, sagte er und warnte mich dann wiederholt, doch vorsichtig zu sein.

Ich versuchte, ihm klarzumachen, warum ich diese Nachricht gebracht hatte. Zum einen bin ich Journalist, und eine solche Nachricht begeistert jeden Journalisten. Zum anderen, sagte ich, wird, wenn es um Armenier geht, doch viel zu oft über jene gesprochen, die den Tod gefunden haben. Da wäre es doch angebracht, auch mal von jenen zu berichten, welche überlebt haben. Doch hätte ich gesehen, sagte ich, dass über die Überlebenden zu reden fast noch schwerer ist als über die, welche gestorben sind. Als ich zum Gehen aufbrach, fiel mir ein, dass das Nachrichtenmaterial, welches ich mitgebracht hatte, gar keine Rolle gespielt hatte. Ich fragte deshalb, ob daran noch Interesse bestünde und überließ ihnen das Material. Doch mir war klar, weshalb man mich gerufen hatte. Man hatte mir Grenzen gesetzt, ich musste von nun an aufpassen, sonst würde es schlecht enden.

Tatsächlich wurde die Lage immer ernster. Am Tag nach meinem Vorsprechen im Amt des Gouverneurs begann eine Reihe von Kommentatoren eine regelrechte Kampagne gegen mich. Sie nutzten dazu einen Satz, den sie in meiner Serie über das Selbstverständnis der Armenier gefunden hatten.[1] Sie rissen diesen Satz ganz grob aus dem Zusammenhang und sagten, ich hätte »Türkenfeindschaft« betrieben. Der Satz lautete so: »Die [vom Bild des] ›Türken‹ verursachte Blutvergiftung [der Armenier] kann leicht durch das frische Blut geheilt werden, das die Armenier in den edlen Adern finden, die sie mit [der Republik] Armenien verbinden, sobald sie diese erst einmal etabliert haben.«[2] Nur zwei Tage darauf, am 26. Februar versammelten sich Mitglieder der [nationalistischen] Idealistenvereine[3] unter Führung ihres Istanbuler Leiters Levent Temiz vor der Tür unserer Zeitung AGOS, riefen Parolen und bedrohten uns. Die Polizei war jedoch rechtzeitig erschienen und hatte Maßnahmen zu unserem Schutz getroffen. Informiert worden waren auch alle Zeitungen und die Fernsehanstalten, deren Reporter vor Ort waren. Die Parolen, die die Demonstranten riefen, ließen an Deutlichkeit nicht zu wünschen übrig: »Liebe dein Land, oder pack deine Koffer!«, »Verflucht sei ASALA«[4] und: »Eines Nachts kommen wir, ohne uns anzumelden!« Bei seiner Rede nahm der Wortführer der Gruppe Levent Temiz kein Blatt vor den Mund: »Von jetzt an steht Hrant Dink im Zentrum unseres Zorns, jetzt ist er unser Ziel!« Äußerst verwunderlich jedoch war, dass am nächsten Tag keiner der anwesenden Fernsehsender (außer Kanal 7) und keine Zeitung (außer Özgür Gündem) von dem Vorfall berichtete.[5] Ganz offensicht-

---

1   Diese Serie Hrant Dinks über das Selbstverständnis der armenischen Diaspora begann am 7.1.2003 und endete im Februar 2004. Vgl. dazu den Abschnitt »Die Identität der Armenier«.

2   »Türk'ten boşalacak o zehirli kanın yerini doldurulacak temiz kan, Ermeni'nin Ermenistan ile kuracağı asil damarında mevcuttur.«

3   Die sog. ›Ülkü Ocakları‹, in Deutschland als die Grauen Wölfe bekannt.

4   Vgl. die Anmerkung in »Wie wenige wir mittlerweile sind«.

5   Kanal 7 gilt als muslimischer, der AKP-Regierung nahestehender Sender. Özgür Gündem steht der prokurdischen PKK nahe, die von den USA und der EU als Terrororganisation eingestuft wird, jedoch im Südosten der Türkei noch immer starken Rückhalt hat.

lich reichte die Macht des Arms, welcher die ›Idealisten‹ vor unsere Tür schickte, auch dafür, die Medien auszurichten und zu verhindern, dass diese Schandbilder über den Bildschirm gingen.

Nur wenige Tage später fand vor unserer Tür eine ähnliche Demonstration statt. Dieses Mal war es eine Gruppe, die sich »Vereinigung zum Kampf gegen die Falschbehauptungen der Armenier«[1] nannte. Danach traten Kemal Kerinçsiz und seine ›Große Juristenunion‹ auf den Plan, von der bis dahin niemand jemals gehört hatte.[2] Sie zeigten mich wegen Verletzung von Paragraph 301 beim Staatsanwalt des Istanbuler Stadtteils Şişli an [so wie sie vorher andere Intellektuelle und Journalisten angezeigt hatten], lösten damit eine Welle von [politischen] Prozessen aus und beschädigten so das Ansehen der Türkei [im Westen und weltweit]. Für mich begann eine neue und gefährliche Phase meines Lebens. Das geschieht nicht zum ersten Mal und ich weiß nicht, ob ich die Gefahr liebe oder die Gefahr etwa mich. Doch ich spüre, dass sie mir auf den Fersen sind. Und ich weiß ganz genau, dass es sich dabei nicht nur um die Gruppe Kerinçsiz und andere gewöhnliche Leute handelt, die leicht erkennbar und benennbar sind.

Vor Angst verschreckt, wie eine Taube   *19. Januar 2007*

Als die Staatsanwaltschaft von Şişli in Istanbul mit ihren Ermittlungen wegen Verdachts auf »Erniedrigung des Türkentums« begann, war ich noch sehr gelassen. Es war ja nicht das erste Mal – ein ähnlicher Prozess gegen mich lief bereits in Urfa. Dort hatte ich 2002 auf einer Konferenz gesagt: »Ich bin kein Türke, ich bin ein Bürger der Türkei und außerdem Armenier« und stehe dafür seit gut drei Jahren wegen »Erniedrigung des Türkentums« vor Gericht. Ich hatte an dieses Verfahren fast keinen Gedanken

---

1 ›Asılsız Ermeni İddialarıyla Mücadele Federasyonu‹
2 Der Rechtsanwalt Kemal Kerinçsiz war es auch, der Orhan Pamuk, Elif Shafak und andere liberale Intellektuelle wegen »Erniedrigung des Türkentums« anzeigte.

verschwendet, alles meinen Anwälten überlassen und wusste nicht einmal, wie das Verfahren lief. Auch zu dem neuen Verfahren hatte ich diese Einstellung noch, als mich der Staatsanwalt von Şişli zur Aussage vorlud, denn ich vertraute dem, was ich geäußert und geschrieben hatte. Ich war der festen Meinung, wenn der Staatsanwalt nicht nur auf diesen einen Satz schaut, sondern den ganzen Aufsatz liest, sieht er, dass meine Absicht nicht auf »Erniedrigung des Türkentums« gerichtet war. Für sich genommen ist dieser Satz ja völlig unverständlich, und ich war sicher, nach Abschluss der Ermittlungen wird das Verfahren eingestellt und der Zirkus findet ein schnelles Ende.

Doch siehe da, es wurde Anklage erhoben. Ich war trotzdem noch immer zuversichtlich. So zuversichtlich, dass ich in einer Fernsehsendung, zu welcher ich per Telefon live zugeschaltet worden war, dem Anwalt Kemal Kerinçsiz sagte, er solle sich nicht allzu früh freuen. Ich würde sicher nicht verurteilt, sagte ich, und falls doch, würde ich dieses Land verlassen. So sicher war ich dessen, was ich geschrieben hatte und auch so überzeugt, dass jeder, der den ganzen Text läse, ihn auch verstehen würde. War doch auch die Kommission, die aus drei Sachverständigen der Universität Istanbul gebildet worden war, zu dem Schluss gekommen, dass eine Absicht, »das Türkentum zu erniedrigen« in diesem Text nicht zu erkennen sei. Deshalb war ich meines Freispruchs sicher.

Doch es kam leider anders. Der klaren Aussage des Gutachtens zum Trotz stellte der Staatsanwalt den Strafantrag, und das Gericht verurteilte mich zu sechs Monaten Haft. Ich war ganz starr von Schreck und vor Verwunderung, ich war empört und verletzt. Wochen-, monatelang hatte ich durchgehalten in der Hoffnung, dass ich, wenn das Urteil erst gefällt ist, es den Widersachern zeigen könnte, die in den Zeitungen und Fernsehsendern anlässlich jeder Sitzung des Gerichts erneut behaupteten, ich hätte geschrieben, »das Blut der Türken sei vergiftet«. Jede einzelne dieser Meldungen stellte mich immer wieder als »Feind der Türken« an den Pranger. Faschisten griffen mich auf den Korridoren der Gerichte tätlich und mit rassistischen Sprüchen an. Spruchtafeln wurden hochgehalten. Hunderte von Beleidigungen und Drohungen kamen per Telefon, E-Mail oder Brief, nach jedem Prozesstag eine neue Welle. All das hatte ich ausgehalten, weil ich sicher war, der Freispruch würde kommen und die, die mich beleidigt hatten, würden endlich beschämt.

Das ist der Grund, weshalb das Urteil mich vollkommen niederwarf. Schlimmer konnte es nicht mehr kommen. Das richterliche Urteil, gefällt im Namen der türkischen Nation hatte offiziell festgestellt, ich hätte das Türkentum erniedrigt. Alles hatte ich ausgehalten, aber das war zuviel. Denn Menschen, mit denen man zusammenlebt, aus religiösen oder ethnischen Gründen zu erniedrigen, das ist für mich Rassismus und niemals zu rechtfertigen. In dieser moralischen Verfassung war ich, als mich am Ausgang des Gerichts die Leute von der Presse fragten, ob ich, wie für den Fall des Schuldspruchs angekündigt, das Land verlassen würde. Ich sagte: »Ich muss mit meinen Rechtsanwälten reden. Wir ziehen vors Kassationsgericht und wenn es sein muss vor den Gerichtshof für Menschenrechte in Straßburg. Wenn ich von keinem der beiden freigesprochen werde, verlasse ich mein Land. Denn wer für so etwas verurteilt wird, der hat kein Recht, unter denen zu leben, die er erniedrigt haben soll.« Wie immer, überließ ich mich meinen Gefühlen, war aufrichtig, denn eine andere Waffe habe ich nicht.

Doch was geschah? Die Macht, die alles darangesetzt hatte, mich von den Menschen dieses Landes zu isolieren, fand erneut einen Dreh und klagte mich jetzt an, weil ich die Freiheit des Gerichts zur Wahrheitsfindung eingeschränkt haben sollte.[1] Zwar hatten alle Zeitungen meine Worte gedruckt, doch nur meine eigene Zeitung AGOS wurde für dieses Vergehen angeklagt. Man könnte lachen, wenn es nicht zum Heulen wäre. Habe ich als Angeklagter denn kein Recht, das Gericht zu beeinflussen? Ihr klagt den Angeklagten dafür an, dass er versucht, den Richter umzustimmen! Ich muss gestehen, dass von meinem Vertrauen in die türkische Justiz nach alledem nicht mehr viel übrig geblieben war. Wie sollte es auch anders sein? Haben die Staatsanwälte und die Richter nicht Universitäten absolviert und müssten sie nicht in der Lage sein, das, was sie lesen, zu verstehen? Doch, wie

---

1 Kritik an nicht rechtskräftigen Gerichtsurteilen ist in der Türkei mit der Begründung verboten, sie würde das Gericht beeinflussen.

selbst Politiker und Staatsmänner offen sagen, ist die Justiz in diesem Land nicht wirklich unabhängig. Sie schützt den Staat viel mehr als den Bürger und lässt sich vom Staat steuern. Ich bin mir deshalb sicher, dass, auch wenn die Justiz im »Namen des Türkischen Volkes« ein Urteil spricht, sie eigentlich im »Namen des Türkischen Staates« handelt. Jetzt war der Fall beim Kassationsgerichtshof und ich war mir keineswegs sicher, ob er sich den Kräften würde entziehen können, welche mir Grenzen setzen wollten.

Und außerdem – waren die Urteile des Kassationsgerichts denn bisher immer richtig? War es denn nicht das Kassationsgericht, welches die ungerechten Urteile abgesegnet hatte, mit denen die Stiftungen der Minderheiten um ihre Immobilien gebracht worden waren?

Genau so kam es auch. Obwohl der Oberstaatsanwalt in Einklang mit dem Gutachten meinen Freispruch forderte, sprach mich der [Strafsenat des] Kassationsgerichtshofs schuldig. Der Oberstaatsanwalt brachte den Fall danach zwar noch vor den Großen Strafsenat [des Kassationsgerichtshofs], doch der bestätigte mehrheitlich die Verurteilung. Was soll ich dazu sagen? Vermutlich war die große Macht, welche entschlossen ist, mir meine Grenzen aufzuzeigen, erneut und mit Methoden, die mir unbekannt sind, hinter den Kulissen tätig.

So viel steht fest, jene, die alles daran setzten, mich zu schwächen und zu isolieren, haben ihr Ziel erreicht. Gezielte Desinformation hat längst dazu geführt, dass Hrant Dink heute für einen großen Teil der Gesellschaft jemand ist, der das »Türkentum erniedrigt«. Die Festplatte meines Computers ist voll mit Ausdrücken des Zornes und der Drohung von diesem Teil der Bürger. (Ich merke hier nur an, dass eine dieser Botschaften aus Bursa ganz nach einer konkreten Gefahr aussieht und ich sie deshalb an den Staatsanwalt von Şişli weitergeleitet habe. Eine Antwort habe ich nicht bekommen.) Ich kann nicht einschätzen, wie groß, wie ernsthaft diese Drohungen sind und wie groß die Gefahr, die aus ihnen erwächst, tatsächlich ist. Am meisten zehrt dieser Tage mein eigener Zweifel an mir, schmerzt mich die Folter, die ich mir selbst zufüge. Ich werde die bohrende Frage nicht los, die lautet: »Was denken diese Leute über dich?« Mich kennen jetzt viel mehr Menschen als früher, und ich spüre ihre Blicke und spüre auch, wie sie denken: »Ist das nicht der Armenier, der …« Das ist der Punkt, an dem die Qual beginnt, die ich mir selbst zufüge. Ein Teil der Qual ist die bohrende Befürchtung, was den Leuten durch den Kopf geht, ein Teil der Qual ist ängstliche Anspannung, ein Teil ist nur Vorsicht, ein anderer Teil schon Furcht. Ganz so wie eine Taube blicke ich jetzt stets nach rechts und links, wende den Kopf nach vorne und nach hinten und bin stets auf der Hut.

Wie sagten doch noch Außenminister Abdullah Gül und Cemil Çiçek, der Justizminister, [zum Drängen der EU auf Streichung des Paragraphs 301]? Sie sagten, man solle nicht übertreiben, noch sei ja keiner deshalb in den Knast gegangen. Gerade so, als müsste erst ein Opfer gebracht werden. Hier habt ihr euer Opfer! He ihr Minister, was wisst ihr von dem Gefühl, wenn man ängstlich wie eine Taube gemacht wird? Habt ihr euch je in die Tauben hineingedacht?

Was meine Familie und ich in diesen Monaten durchmachten, war alles andere als einfach. Natürlich haben wir uns manchmal überlegt, außer Landes zu gehen. Besonders stark wurde dieser Gedanke, als man auch meine Familie bedrohte. Oft wusste ich weder ein noch aus. Für mich allein kann ich leicht bis zum Ende durchhalten, doch habe ich kein Recht, meine Familie zu gefährden. Den Helden spielen kann man nur für sich allein. In solchen Stunden setzten wir uns stets zusammen, und es zeigt sich, dass meine Familie meine größte Stütze ist. Wichtig ist, dass sie mir vertraut und sagt, sie will dort leben, wo ich lebe. Sie bleibt, wenn ich bleibe und geht, wenn ich gehe.

Doch wo sollen wir hin, etwa direkt in die Republik Armenien? Ich wüsste wirklich nicht, wie lange ich, der keine Ungerechtigkeit erträgt, es dort aushalten würde. Wer sagt, dass uns dort nicht noch Schlimmeres zustößt. Und nach Europa will ich überhaupt nicht. Egal wo, wenn ich drei Tage lang im Westen bin, will ich - weil ich mich so langweile - am vierten Tag zurück, mich sticht nun mal der Hafer. Es liegt mir einfach nicht, brodelnde Höllen zu verlassen und mich in gemachten Paradiesen einzurichten. Ich habe stets versucht, unsere Hölle zu einem Paradies zu machen. Hier in der Türkei bleiben, ist sowohl unser Wunsch als auch so etwas wie eine Pflicht allen den Freunden gegenüber, die für mehr Demokratie streiten, ob wir alle diese Freunde nun persönlich kennen oder nicht.

Wenn wir eines Tages wirklich die Koffer packen müssen, dann so wie unsere Väter 1915, ohne zu wissen, wo der Weg hinführt, nur gehen, leiden, leben. Wenn überhaupt, dann will ich unser Land nur auf diese Art und Weise verlassen, nicht meinem Herzen folgend, sondern [gezwungenerweise] meinen Füßen.

Wie sehr hoffe ich, dass es niemals so weit kommt. Es gibt ja so viele Gründe dafür, die Hoffnung noch nicht aufzugeben. Jetzt klagen wir vor dem Gerichtshof für Menschenrechte in Straßburg. Wie lange das dauert, weiß ich nicht, und der Gedanke tröstet mich, dass ich, solange nichts entschieden ist, hier weiter leben werde. Wie werde ich mich freuen, wenn das Gericht mir recht gibt, dann muss ich vielleicht niemals weg.

Trotzdem, das Jahr 2007 wird ein schweres Jahr. Alte Verfahren dauern an, neue werden eröffnet. Wer weiß, wie viel an Ungerechtigkeit aufs Neue auf mich zukommt? Trotz alledem hab' ich noch eine Sicherheit, auch dann, wenn ich furchtsam wie eine Taube bin. Ich weiß, in diesem Lande tut man den Tauben nichts. Hier leben Tauben mitten in der Stadt und mitten unter Leuten; immer ein bisschen ängstlich, doch dafür immer auch ein bisschen frei.

Sagten Sie »Nachhaltigkeit des Lebens«?   *14. Juni 1996*

In jener Nacht versammelten sich die Notabeln von Zara[1] im Hause von Hadschi İzzet. Sie beratschlagten, diskutierten und wogen alles gründlich ab. Sie überlegten diese oder jene Lösung und sahen schließlich, dass es auf keinen Fall so geht. Die Gefahr war einfach zu groß, die Zukunft schien recht finster. Sie mussten etwas unternehmen.

Schließlich erhoben sie sich und klopften gemeinsam an des Landrats Tür. Hadschi İzzet ergriff das Wort zuerst. »Herr Landrat«, sagte er, »Sie bringen also alle Armenier fort. Wer sind wir, dass wir besser wüssten als der Staat, was richtig und was falsch ist? Sie wissen, was Sie tun und wissen auch warum. Doch mit Ihrer Erlaubnis würden wir Ihnen gern ein paar Bedenken schildern. Wir glauben, es ist wichtig für die Stadt.«

»Nun red' nicht um den heißen Brei, Hadschi«, sagte darauf der Landrat, und Hadschi İzzet fuhr schnell in seiner Rede fort: »Herr Landrat, in unserer Stadt bauen die Armenier die Häuser, sie dreschen unseren Weizen und backen unser Brot. Ob Schneider, Schreiner oder Schmied, sie sind nun mal die Handwerker. Wenn Sie nun alle fortschaffen, was machen wir denn dann? Vielleicht sollten zumindest einige hierbleiben.«

Der Landrat wusste nicht gleich eine Antwort. Unruhig ging er im Zimmer auf und ab. Das war keine leichte Entscheidung, jetzt fiel ihm ein, dass auch sein Schimmel von einem Armenier beschlagen worden war. Dann sage er, ohne die Gäste direkt anzusehen: »Meine Herren, Sie haben das, was Sie gerade gesagt haben, nie gesagt, und ich habe es nicht gehört. Gehen Sie jetzt, und machen Sie, was Ihnen nötig scheint. Doch passen Sie gut auf, und behalten Sie niemanden bei sich, der Ihnen später Schwierigkeiten macht.«

So kam es, dass der Schneider Serkis, der Bäcker Artin, der Schreiner Keğam und der Maurer Mığitar und noch einige andere samt ihren Familien von der Umsiedlung verschont blieben.

---

1   Kreisstadt in der Provinz Sivas in Zentralanatolien.

Sie nahmen den Islam an, und man rief sie mit neuen Namen. Saris wurde Zeki, Artin wurde Ali, Keğam wurde Kenan und Mığitar wurde Hakkı. Ihr Grundvermögen war dahin, und sie verloren Haus und Hof. Die Kirche von Zara wurde zum Lagerhaus. Es ging jetzt nur darum zu überleben oder, wie man es heute ausdrückt, das Leben »nachhaltig« zu machen. Und jeden Freitag waren die Neumuslime die ersten beim Gebet.

So ging das einige Jahre, und mit der Zeit wurde es zur Normalität. Doch eines Freitags kam alles wieder durcheinander.

In Sèvres war ein Abkommen unterzeichnet worden, und die Staaten Europas bereiteten die Aussendung von Inspektoren vor, die prüfen sollten, was geschehen war und Beschwerden aufnehmen.[1] Auch die Leute in Zara erwarteten die Europäer.

Besorgnis und Aufregung machten sich sofort breit. Die Kirche wurde leergeräumt und sollte wieder Kirche sein. Und auch vor der Moschee war heute alles anders.

Wie stets war der Herr Hakkı etwas früher gekommen, er nahm schon seine Waschung vor, damit er beim Gebet ganz vorne stehen konnte. Doch am Eingang zur Moschee trat ihm heute der Hadschi İzzet in den Weg und wirkte sehr bestimmt: »Guten Tag, Mığitar«, sagte Hadschi İzzet und zeigte auf die Kirche. »Du weißt doch wo dein Platz ist, oder nicht?« »Was soll denn das?«, dachte sich da Herr Hakkı, »der will mich auf die Probe stellen.« Schon hob er an zu sagen: »Ich bitte dich Hadschi, Gott sei's gedankt, wir sind alle Muslime. Da klopfe ich nicht an eine andere Tür!« Doch Hadschi İzzet schnitt ihm gleich das Wort ab: »Nein, nein, mein lieber Mığitar, jeder geht dahin, wo er hingehört. Du weißt so gut wie ich, dass du ein ausgemachter Christ bist, geh' deshalb ruhig in deine Kirche. Und morgen schaust du beim Landrat vorbei, der hat im Grundbuchamt alles wieder berichtigt. Vergiss es bloß nicht, der Landrat hat mir eingeschärft, dich bald zu ihm zu senden.

---

1 Mit dem Vertrag von Sèvres endete am 19.8.1920 für das Osmanische Reich der Erste Weltkrieg. Der Vertrag sah die weitgehende Aufteilung Anatoliens unter Türken, Kurden und Armenier, sowie Besitzungen europäischer Staaten in Anatolien vor. Gegen diesen Vertrag richtete sich der türkische Unabhängigkeitskrieg (1920-1923), der mit dem Sieg türkischer Truppen endete und mit dem Vertrag von Lausanne besiegelt wurde.

So war das, und so hat es mir mein Nachbar aus Zara erzählt. Er hat es von seinem Vater. Warum fällt mir das wieder ein? Na wegen Habitat.[1] Dort redete man unablässig von der »Nachhaltigkeit des menschlichen Lebens«. Versuchen Sie jetzt, da Sie die kleine Geschichte durchgelesen haben, einmal dieses Motto von Habitat dreimal hintereinander und ziemlich schnell zu wiederholen! *İnsan yaşamının sürdürülebirliği.*

»Des menschlichen Lebens Nachhaltigkeit«
Nanu, was ist mit Ihrer Zunge?

»Mensch« und »Leben« geht ziemlich leicht, nur bei Nachhaltigkeit, bei *sürdürülebirliği*, gerät man leicht ins Stocken.

Wie man in Anatolien redet   *14. Dezember 2001*

Zur [internationalen] Menschenrechtswoche sind wir, fast 50 Leute aus Istanbul, Ankara und Izmir, zu Gast beim ›Menschenrechtsverein‹ in Diyarbakir.[2] Diyarbakir wächst rasant und ähnlich rasant wächst die Armut.[3] Der Ausnahmezustand ist Alltag in dieser Stadt, ›die Luft ist schwer wie Blei‹.[4] Vor dreißig Jahren kam ich in jedem Jahr drei- bis viermal nach Diyarbakir, heute erkenne ich die Stadt kaum wieder. Erst kürzlich habe ich meinen Reisepass erhalten und Mehmet Altan zieht mich auf: »Für Diyarbakir haben sie dir den sicher nicht gegeben.«[5]

---

1 1996 fand in Istanbul Habitat II, statt, die zweite Gipfelkonferenz im Rahmen des Wohn- und Siedlungsprogramms der Vereinten Nationen.

2 ›İnsan Hakları Derneği Diyarbakir Şubesi‹; Diyarbakir ist die größte Stadt im mehrheitlich kurdisch besiedelten Südosten der Türkei.

3 Um der kurdisch-nationalistischen PKK (Arbeiterpartei Kurdistans) Rückzugsgebiete zu nehmen, wurden in der zweiten Hälfte der 1990er Jahre nach offiziellen Angaben 2 500 Dörfer zwangsgeräumt und teilweise niedergebrannt. Fast drei Millionen Menschen flüchteten damals in die Städte der Region und in die Westtürkei.

4 »Hava kurşun gibi ağır«, eine Zeile des sozialistischen türkischen Dichters Nazım Hikmet. In der Mehrzahl der kurdisch besiedelten Regionen herrschte von Mitte der 1970er Jahre bis Anfang des neuen Jahrtausends der Ausnahmezustand.

5 Mehmet Altan, liberaler Intellektueller, zum Reisepass siehe den Artikel: »Da hab‘ ich gerade noch gefehlt.«

Ich bin einer der Redner auf einer zweitägigen Veranstaltung. Der Raum ist zum Bersten voll, die lokalen Fernsehsender übertragen live. Ich soll – man stelle sich nur vor – den Leuten Diyarbakirs erklären, was Multikulturalität bedeutet. Man stelle sich nur vor! sag' ich, denn diese soziologischen Begriffe gehen mir mittlerweile auf die Nerven. Die westliche Welt bewegt sich heute von kulturellem Einerlei zu kultureller Vielfalt, und wir, die doch aus dem osmanische System der kulturellen Vielfalt kommen, rennen gerade in die andere Richtung.[1] Und jetzt versuchen wir, mit westlichen Begriffen und Konzepten die Lebensform, die wir doch eigentlich gut kennen, die uns jedoch entrissen worden ist, angeblich neu zu definieren, gerade so, als müssten wir sie erst entdecken. Doch selbst das Definieren fällt uns schwer. Manchmal denke ich, dass alle diese Worte uns eigentlich nicht weiterhelfen.

Deshalb rede ich einfach so, wie mein Schnabel gewachsen ist, und gehe offen auf die Diyarbakirer zu. Ganz wie es sich gehört, erweise ich alten Leuten Respekt. Zu den Jungen bin ich freundlich und höre ihnen zu. Ich sage immer wieder, dass allem Leid zum Trotz die Mehrzahl der Armenier nicht will, dass sich Türken und Kurden als Feinde gegenüberstehen.[2] Ich denke dabei natürlich primär an alle jene, die so denken wie ich, und sage mir im Stillen: »Wenn das nicht stimmt, soll mich der Blitz gleich auf der Stelle treffen.« Es ist nicht richtig, die Leute mit dem, was vorgefallen ist, noch heute aufzuhetzen. Ich schwöre, ich würde mich dafür einsetzen, dass die Völker von Anatolien in Frieden zusammenleben können. Fast hätte ich, wie zur Bestätigung, sogar ein Kreuz geschlagen.

Ich fordere sie auf, nicht denen auf den Leim zu gehen, die ihnen großsprecherisch erklären, was sie damals gewonnen hätten, sondern in aller Stille zu bedenken, was sie damals verloren.

---

1 Das Osmanische Reich erstreckte sich über eine sprachlich und religiös sehr vielfältige Bevölkerung, deren einzelne Gruppen im Rahmen der sogenannten Millet-Ordnung ihre kulturellen Besonderheiten über Jahrhunderte hinweg erhalten konnten.

2 An den Armeniermassakern hatten kurdische Stämme, die dem damaligen Sultan Abdülhamid II. als sogenannte Hamidiye Alay-ları als Söldner dienten, einen großen Anteil.

Ich rede zu ihnen davon, wie Anatolien hundert Jahre früher
aussah, erinnere daran, welche Reichtümer ein sesshaftes Volk
damals in diesen Breiten produzierte. Ich male ihnen aus, wie es
heute wäre, wäre damals nicht eine Welt untergegangen, in der es
Schulen in sieben verschiedenen Sprachen gab, in welcher der
Weinanbau, die Seidenraupenzucht, das Handwerk und die Ma-
nufaktur blühten. Und ich erzähle die Geschichte von unseren
Vorvätern, die, als sie aufgefordert wurden, ihre Sachen für die
Deportation zu packen, erst noch den Dreschpflug reparierten.
»Nur langsam, sagten sie, es gibt sicher nach uns Leute, die da-
mit die Ernte einbringen«. Ich frage: »Wo ist dieser Dreschpflug?
Lasst uns zuerst gemeinsam diesen Dreschpflug suchen und wenn
nötig, gemeinsam reparieren!«

Ich rede immer weiter und ich appelliere: »Sie [die Politiker]
sollen endlich aufhören, zu sagen, sie gäben keinen Kieselstein,[1]
sie sollen endlich aufhören, von der Teilung des Vaterlands zu
sprechen und Paranoia zu verbreiten.« Und dann erzählte ich
ihnen den Vorfall von der alten Armenierin, die aus Frankreich
angereist war und in ihrem früheren Dorf, in der Nähe von Sivas,
starb. Die Muslime des Dorfes begruben die Armenierin und
sprachen das Gebet für sie. Und als die Tochter dieser Frau aus
Frankreich kam und die Leiche nach Frankreich überführen
wollte, da sagten sie zu ihr: »Natürlich ist es deine Mutter, und
du kannst machen, was du willst, doch wenn du uns fragst, lass
sie, wo sie ist. Das Wasser findet seinen Weg!«[2] Da gibt es auf der
einen Seite solche Beispiele von Menschlichkeit in Anatolien und
auf der anderen Seite diese Sprüche: »Wir geben keinen Kieselstein.« »Entscheidet selbst«, sage ich ihnen: »Welche von beiden
Haltungen gehört zu einem rechten Anatolier?«

Und meine letzen Worte im Namen der Armenier, die heute
in aller Welt verstreut leben, lauten: »Eines ist richtig. Die Armenier sehnen sich immer noch nach diesem Boden. Doch ihre
Sehnsucht ist es nicht, sich diesen Boden anzueignen, ihn aufzu-
laden, wegzutragen oder das Land zu spalten. Habt davor keine

---

1   »Die Türkei gibt keinen Kieselstein her!« war einer der wiederkehrenden
    Aussprüche der ehemaligen Ministerpräsidentin Tansu Çiller.
2   ›Su çatlağını buldu‹ – Es ist gut so, wie es ist.

Angst. Sie wollen Euren Boden nicht, sie wollen nur Teil dieses Bodens, Teil dieser Erde werden.«

Ihr ... immer noch   *11. Februar 2005*

Der Oberstaatsanwalt beim Kassationsgerichtshof Nuri Ok hat öffentlich erklärt, er finde das Wort »Türkeizugehörigkeit« sehr schädlich.[1] Da fragt man sich nicht nur, was hat denn ein Jurist die [politische] Nützlichkeit oder Schädlichkeit eines Begriffes zu erwägen. Man stößt auch auf interessante Widersprüche. Denn da beschwert sich der Vertreter eines Staates über ein Wort, das doch auf diesen Staat verweist und auf sein Territorium und auf die Zugehörigkeit zu diesem Staat. Was ist denn daran schädlich, dass sich die Bürger diesem Lande zugehörig fühlen sollen?

Da wir gerade bei Paradoxien sind, sei noch auf eine andere, sehr komische verwiesen. Noch bis vor kurzem gab es [offiziell] keine Nation, die Kurden hieß. Kurden galten als eine Untergruppe oder als ein Stamm der türkischen Nation. Ja, man sagte sogar, die Worte ›Türke‹ und ›Kurde‹ enthielten doch exakt die gleichen Buchstaben und diese Buchstaben seien bei dem Wort ›Kurde‹ eigentlich nur verdreht.[2] Türken und Kurden seien vollkommen identisch, und das Wort Kurde rühre daher, dass es ›kart‹ und ›kurt‹ und ähnlich knacken und knistern würde, wenn die Leute durch den Schnee laufen, weshalb das alte Volkslied ›Stapf nur nicht durch den Schnee, denn es bleibt eine Spur zurück‹ eigentlich auch ›Stapf nur nicht durch den Schnee, sonst bist du schnell ein Kurde‹ lauten könnte.

---

1   ›Türkeizugehörigkeit‹ (Türkiyelilik), betont anders als der in der Verfassung und im Strafgesetzbuch verwendete Begriff ›Türkentum‹ (Türklük), nicht die ethnisch türkische Wurzel der Staatsbürger, sondern verweist auf einen ethnisch neutralen Staatsbürgerschaftsbegriff, der alle Bürger unabhängig von ihrer Muttersprache, ihrer »ethnischen« Identität und ihrer Religion als nicht nur formal rechtlich, sondern auch in der Praxis als gleichwertig und gleichberechtigt betrachtet. Für Türkisten und autoritäre Kemalisten nagt dieser Begriff an der behaupteten kulturelle Homogenität der türkischen Gesellschaft und fördert deshalb den Separatismus.

2   Auf türkisch heißt Kurde ›Kürt‹ und Türke ›Türk‹.

Und nun? Jetzt nimmt sich Außenminister Abdullah Gül unserer turkmenischen Landsleute im Irak an und beachtet die Kurden des Irak nicht, die doch eigentlich auch Türken sein müssten. Was ist das für ein Durcheinander, das passt doch nicht zusammen?! Heißt das, die irakischen Kurden stapfen nicht durch den Schnee?

Freilich, wie sehr Staat und Regierung (der Oberstaatsanwalt und der Außenminister) beim Thema Multikulturalität auch ins Strauchln geraten, schon in den Medien zeigt sich, dass unsere Gesellschaft viel weiter ist als sie. In allen Fernsehserien und in allen türkischen Filmen spielt Multikulturalität eine sehr große Rolle. Wenn eine Serie keine Figuren unterschiedlicher Herkunft hat, lässt sie sich fast nicht mehr verkaufen. Es gibt fast keine Serie mehr, in der nicht Kurden, Armenier, Griechen oder Juden auftreten und in der nicht in deren Sprachen Sätze fallen, die mit Untertiteln erklärt werden. Und jetzt zeigt eine Serie auch noch, dass sich ein türkisches Mädchen in einen jungen Mann aus Griechenland verliebt. Gibt es dafür eine soziologische Erklärung? Die Helsinki Citizens Assembly[1] jedenfalls will eine Untersuchung zur »ethnischen Stilisierung von Fernsehserien-Charakteren« durchführen. Wer hätte das gedacht: eine Gesellschaft, die sich rasend schnell ändert und ein Staat, der sich gegen Veränderungen stemmt.

Doch eigentlich hat sich die multikulturelle Realität in der Türkei stets bemerkbar gemacht, wie sehr man auch versuchte, sie immer wieder zu verhüllen. Und selbst in den Tagen von »Bürger, rede Türkisch!«[2] hat weder der türkische Film noch das türkische Theater ganz darauf verzichtet, auch »die anderen« auftreten zu lassen. Und selbst in Filmen und Theaterstücken, in denen »Anderssein« so etwas wie ein Schimpfwort war und »andere« bevorzugt Schacherer, Prostituierte, Betrüger und Geschäftemacher waren, traten doch immer auch Figuren auf wie der aufrechte griechische Kellner oder die herzensgute armenische Dame. Das Leben, das »den anderen« die schlechten Rollen und das

---

1 Menschenrechtsorganisation
2 Staatliche Kampagne zur Eindämmung des Gebrauchs anderer Sprachen in den dreißiger Jahren.

Böse zuwies, hat es nicht zugelassen, dass diese »anderen« einfach hätten verschwinden können. So hat es der Gesellschaft beigebracht, dass die Verschiedenheit im Guten und im Bösen eine Realität und ein großer Reichtum ist.

Ich hatte mal geschrieben, wir müssten beim Kinderalphabet anfangen, um Multikulturalität erneut zum Leben zu erwecken. Neben dem Standardsatz »Ali wirf Ayşe den Ball zu!« sollte im Lehrbuch auch stehen: »Ali wirf Hagop den Ball zu!« Jetzt zeigt sich, dass die Fernsehserien, in welcher Form auch immer, den Schulbüchern voraus sind. Dort spielen Ali und Hagop bereits mit ihrem Ball. Freilich, diejenigen, die immer noch an einen einzigen kulturellen Standard glauben, nehmen das nicht zur Kenntnis. Sollten wir ihnen, um sie aufzuwecken, den Ball zuwerfen? Keine schlechte Idee, doch weiß man nie, vielleicht machen sie unseren Ball kaputt.

Kneif mich einer!   *20. Mai 2005*

Auch wenn die Eule Trübsal bläst und in der Hoffnungslosigkeit der Nacht noch immer ruft: »Nichts ändert sich, es bleibt alles beim Alten«, die Nachtigall am Morgen singt längst ein anderes und hoffnungsvolles Lied. Hier eine neue gute Nachricht, die außerdem ganz wichtig ist.

Der Staat hat endlich zugestimmt, das Grundstück der Karagözyan-Stiftung umzuwidmen und seine kommerzielle Nutzung zu erlauben. Der Ertrag dieses Grundstücks kann deshalb fortan nicht nur das Karagözyan-Waisenhaus finanzieren, sondern kommt gerade rechtzeitig, um andere Einrichtungen am Leben zu erhalten. Das ist kein Traum! In dieser Angelegenheit behandelt uns der Staat nach vierzig Jahren tatsächlich wie seine übrigen Staatsbürger. Wir können es kaum glauben, wir waren so daran gewöhnt, immer nur zu verlieren.

Der Vorgang ist ein Gradmesser für die neue Entwicklung. Denn es geht um ein Grundstück, das jedem neuen Bürgermeister Şişlis den Mund wässrig gemacht hat.[1] Das Grundstück war

---

1 Şişli, eines der Zentren Istanbuls mit hohen Immobilienpreisen.

zu einem Spottpreis an Leute vermietet gewesen, die unseren Verwalter nicht einmal mehr aufs Grundstück ließen. Gülay Atığ, die damalige Bürgermeisterin von Şişli, hatte versucht, uns dieses Grundstück abzunehmen. Dann hieß es auch bei uns, lass uns das Grundstück losschlagen, es wird uns niemals ausreichend Nutzen bringen. So ging es jahrelang, bis endlich das heutige Team, an seiner Spitze Dikran Gülmezgil, die Leitung übernahm.

Und nun sieht alles anders aus. Am Dienstagabend erklärte der neue Vorstand der Kargözyan-Stiftung seine Pläne für die Nutzung des Areals. Alle Genehmigungen liegen vor, die Verträge sind unter Dach und Fach, und schon im Juni wird die Baugrube ausgehoben. Das 5-Sterne-Hotel, das errichtet werden soll, wird 170 Zimmer, Schwimmbad, Sport- und Kongresszentrum besitzen und einen 15 000 Quadratmeter großen Parkplatz haben. Die Kargözyan-Stiftung rechnet mit jährlich fast drei Millionen US-Dollar Einnahmen.[1] Das ist kein Traum. Es wurde durch einen Beschluss des Ministerrats ermöglicht, der die Umwidmung des Grundstücks abgesegnet hat.

Der Fall ist wirklich exemplarisch, denn er zeigt an, wo wir zur Zeit bei der Anpassung an europäische Normen stehen. Sicher gibt es bald neue Fälle – es muss bald neue Fälle geben! Um unsere Schulen und Sozialeinrichtungen auf eine solide Grundlage zu stellen, müssen wir unbedingt einige unserer Immobilien, deren kommerzielle Nutzung heute nicht möglich ist, umwidmen und wirtschaftlicher projektieren. Es ist jedoch gleichzeitig notwendig, die Erträge verschiedener Stiftungen in einem Pool zu sammeln und rationell zu nutzen. Transparenz und Beteiligung spielen dabei eine zentrale Rolle.

Und auch in diesem Sinne bin ich Dikran Gülmezgil und seinem Team von Herzen dankbar. Ich bin deshalb am Dienstagabend gleich von der Sitzung ins Büro gegangen, um diese Zei-

---

1 Dieser hohe Wert der Immobilien der Minderheitenstiftungen, die alle in alten und heute zentralen Istanbuler Stadtteilen liegen, ist ein Grund für die schrittweise Enteignung der Stiftungen. Oran (2008) bewertet das Vorgehen des türkischen Staates gegen die Minderheiten als »Nationalisierung der türkischen Wirtschaft« (Ausgabe vom 9.2.2008). Insgesamt sollen Immobilien im Werte von 150 Milliarden US-Dollar auf dem Spiel stehen.

len zu verfassen. Ich habe in alten Jahrgängen der Zeitung gestöbert und die Geschichte des Grundstücks noch einmal nachvollzogen. Zu Ehren dieses langen Kampfes habe ich mir dann ganz allein ein Gläschen Raki eingeschenkt und auf die Helden dieses Kampfes angestoßen: auf Dikran Gülmezgil, Nışan Kara, den Rest der neuen Leitung und auch auf die, die sonst im Land für Demokratie streiten. Kneif mich doch einer in den Arm, damit ich weiß, dass ich nicht träume!

Die Falle auf dem Campus   24. Februar 2006

Was letzte Woche während der Podiumsdiskussion auf dem Campus der Uni Akdeniz in Antalya passiert ist, stand bereits in der Presse. Freilich hieß es dort nur, ich habe mich für die »Erniedrigung der Türken« entschuldigt und gleich darauf die Nationalhymne geschmäht. Zwar hat mein Freund Oral Çalışlar in der Zeitung Cumhuriyet ausführlich über die Diskussion berichtet, doch ist es mir ein Anliegen, auch unsere Leser aus erster Hand zu informieren. Außerdem will ich alle an der Freude teilhaben lassen, die sich bei mir am Ende der Veranstaltung eingestellt hat. Wir brauchen alle Mut und können Zuspruch gut gebrauchen.

Es war eine von Anfang an fingierte Diskussion, ganz nach dem Muster der Leute von Kızıl Elma.[1] Schon die Einladung einen Monat zuvor hatte mich misstrauisch gemacht. Man hatte uns verschwiegen, wer außer uns noch teilnimmt. Erst auf Nachfrage erfuhren wir, dass Vural Savaş[2] mit von der Partie war. Ich weigerte mich, mit Savaş zusammen aufzutreten und wenige Stunden später riefen die Organisatoren erneut an, sagten, man sehe von dessen Einladung ab und drängte mich, doch zuzusagen. Da ich von den sonstigen Namen im Programm kaum einen kann-

---

1 Wörtlich ›Roter Apfel‹, Bezeichnung für das Bündnis rechtsradikaler und links-nationaler Kreise, die den autoritären Staat verteidigen und gegen die EU-Mitgliedschaft der Türkei mobilisieren.
2 Ehemaliger Staatsanwalt, der in Parteiverbotsverfahren als Ankläger auftrat und eine Reihe nationalistischer Bücher schrieb.

te, verließ ich mich auf Oral, der sagte: »Lass uns einfach hinfahren, dann werden wir schon sehen.«

Die erste Überraschung in Antalya war, dass Çetin Yetkin, ein pensionierter Staatsanwalt, Diskussionsleiter war. Oral legte sich mit den Veranstaltern an, warum uns das verschwiegen worden war. Wir waren drauf und dran, gleich wieder abzureisen, dachten jedoch, das wäre den Zuhörern gegenüber unfair und gaben unseren Herzen einen Stoß.

Der große Konferenzsaal war zum Bersten voll, mehr als 500, meist noch sehr junge Leute. Und alle hatten eine [türkische] Fahne in der Hand. Als wir unsere Plätze einnahmen, lag vor uns die Einladung, die uns bisher verheimlicht worden war. Auf ihrer Rückseite prangte das folgende Zitat von Kemal Atatürk aus seiner Rede auf dem Kongress von Erzurum:[1] »Viel fremdes Geld fließt in unser Land und viel Propaganda wird gemacht. An den Absichten herrscht kein Zweifel, man will die Nationalbewegung schwächen und verhindern, dass sie erfolgreich ist. Das dient den Zielen der Griechen und Armenier und hilft ihnen, Teile des Vaterlandes zu besetzen. Auch gibt es immer und in jedem Lande Leute mit schwacher Konstitution und einem kleinen Herzen, die nur wenig verstehen, und neben ihnen solche, die persönlichen Profit zum Nachteil des Vaterlandes und seiner Nation suchen. Fast scheint es so, als hätten unsere Feinde, welche den Nahen Osten kennen und Meister darin sind, unsere Schwachstellen zu finden, aus diesen Leuten eine Art Bund geschmiedet.«

Das Thema der Veranstaltung lautete: »Im Lichte der Prozesse gegen Hrant Dink und Orhan Pamuk: Wo sind die Grenzen für die Meinungsfreiheit?« Solch ein Titel, so eine Einladung und dieser Saal; wie waren wir ihnen auf den Leim gegangen. Doch es half alles nichts. Jetzt saß das Volk uns gegenüber.

Diskussionsleiter Çetin Yetkin ging sofort in die Vollen und fragte mich direkt: »Was hast du mit dem Satz vom ›giftigen Blut‹

---

1 Mustafa Kemal Atatürk, Gründer der Republik Türkei, Kongress von Erzurum im Juni 1919, einer der beiden ›Volkskongresse‹, auf denen sich das Bündnis von anatolischen Türken und Kurden mit Offizieren der ehemaligen osmanischen Armee zum türkischen Befreiungskrieg nach dem Ersten Weltkrieg formierte.

gemeint, das vom Türken entleert wird«. Ich sagte: »Sie sind doch ein gestandener Professor und ein bekannter Staatsanwalt. Wie verstehen denn Sie diesen Satz? Erklären Sie das doch den Zuhörern!« Er druckste erst herum und wollte den Satz nicht auseinandernehmen. Als ich ihn drängte, sagte er, so ganz habe er ihn nicht verstehen können. Das war genau die Antwort, die ich wollte. Jetzt wandte ich mich den jungen Leuten zu. Ich sagte ihnen, dass kein Mensch diesen Satz für sich allein verstehen könne, und dass man deshalb die Sätze davor und die danach zur Kenntnis nehmen müsse. Und ich erklärte ausführlich, dass es bei diesem Satz ja gar nicht um die Türken gehe.

Die andere Seite merkte gleich, dass die Jugend mir zuhörte und nahm sich jetzt meinen Prozess in Urfa vor. Sie fragten mich, was ich denn gegen die Zeile[der türkischen Nationalhymne] »Eine Rose für meine heldenhafte Rasse« hätte. Der Staatsanwalt verwandelte den Konferenzraum in ein Gericht, verhörte mich ganz nach Belieben und hätte mich am liebsten gleich vor dem Volk verurteilt. Doch dieses Volk hörte jetzt mir zu. Es war nicht mehr das Volk, wie er es sich vorstellte. Obwohl sie extra eingeladen worden waren, ließen sich die Jugendlichen nicht aufhetzen. Sie schwenkten keine Fahnen gegen mich, im Gegenteil, sie klatschen am Ende meiner Rede.

Auch Orals wundervolle Rede zur Meinungsfreiheit trug dazu bei, dass sich das Blatt im Saal wendete. Es half auch nichts, dass Vural Savaş, der unter den Zuhörern war, das Wort ergriff. Savaş beschwerte sich, dass ich ihn ausgegrenzt hätte, verriet den Zuhören jedoch nicht, warum. Darum musste nun ich erklären, dass Vural Savaş AGOS und mich in einer Zeitung verleumdet hatte, wir würden von der armenischen Diaspora mit Geldern überschüttet. Er hatte außerdem gefordert, dass ich nicht nur nach Paragraph 301, sondern auch noch nach Paragraph 305 [des Strafgesetzbuchs] verurteilt werden müßte.[1]

Als letzte Rettung gab Diskussionsleiter Yetkin dem Rechtsanwalt Kemal Kerinçsiz das Wort und holte ihn auf das Podi-

---

1 Vgl. zum § 301 des türkischen StGB den Abschnitt »Schwere Zeiten«, Nach § 305 werden vom Ausland bezahlte Handlungen bestraft, die gegen die nationalen Interessen verstoßen.

um. Erneut war der Rückschlag viel stärker als die Wirkung. Die Jugend und das Volk hatten ihr Urteil längst gefällt und unterstützen unsere Verteidigung der Meinungsfreiheit mit viel Beifall. Die Falle auf dem Campus war dieses Mal nicht zugeschnappt.

Zum zehnten Jahrestag. Was haben wir erreicht?

31. März 2006

Zehn Jahre nach der Gründung von AGOS können wir voller Stolz sagen, wir haben einiges erreicht. Wir haben es vermocht, dass die Probleme unserer Gemeinschaft [der Armenier] heute Probleme der türkischen Öffentlichkeit sind, dass sie in der gesamten Presse aufscheinen, und dass Politiker und Akademiker, aber auch breite Teile der Gesellschaft sie endlich zur Kenntnis nehmen. Ein zweiter Erfolg ist, dass der Begriff ›Armenier‹, der Anfang der 1990er Jahre so etwas wie ein Schimpfwort war, heute in seiner wirklichen Bedeutung gebraucht wird. Daran, dass die Armenier der Türkei heute ihre Identität ganz ohne Scheu zum Ausdruck bringen können, hat AGOS einen großen Anteil. Durch das Fenster, das AGOS geöffnet hat, schaut jedoch nicht nur die türkische Gesellschaft auf die Probleme der Armenier, durch dieses Fenster schauen auch die Armenier auf die Probleme der Türkei. Beiden Seiten wissen jetzt, dass wir das Paradies nicht errichten können, wenn jeder nur die eigenen Probleme löst. Wenn die Probleme der anderen nicht unsere Probleme werden, macht auch die Lösung unserer Probleme keinen rechten Sinn.

AGOS ist es auch zu verdanken, dass wir nicht mehr so eingeschüchtert sind, wenn unsere Geschichte vollkommen verkehrt dargestellt wird. Je mehr das Falsche präsentiert wird, desto mehr bringen wir das Richtige zur Sprache. Mit der Folter, die das hilflose Schweigen darstellte, ist es vorbei und auch damit, dass man uns einfach in die Ecke drängt. Wir haben uns auf allen Plattformen und immer, wenn es nötig war, mit Überlegung, Aufrichtigkeit und Mut gegen Verdrehungen gewandt. Wenn heute die Armenierfrage allmählich aufhört, ein Tabu zu sein, wenn Gruppen der Gesellschaft anfangen, neugierig zu werden, wenn sie Geschichte hinterfragen und Realitäten endlich zur Kenntnis nehmen, ist das auch Agos zu verdanken.

Doch das ist längst nicht alles. Wir haben auch gesamtgesellschaftlich Position bezogen. Wir haben uns nicht gescheut, politisch aufzutreten und betont, dass wir wie alle anderen ein Recht auf Politik haben. Kein Fortschritt ohne politische Anstrengung! Aus diesem Bewusstsein heraus sind wir für den EU-Beitritt. Deshalb sind wir für Demokratisierung und verlangen Meinungsfreiheit. Deshalb treten wir für die Öffnung der Grenze zu Armenien ein.

Diese Haltung von Agos hat dazu geführt, dass uns heute nicht nur die Demokraten der Türkei, sondern auch Demokraten anderer Länder zur Kenntnis nehmen. Die internationale Presse hat uns häufig zitiert, ausländische Politiker haben auf uns ebenso Bezug genommen wie bekannte Intellektuelle. Das schließt auch die Armenier, ihre Vereine und Institutionen ein, die über die ganze Welt verstreut sind. Das gilt besonders für die Teile der armenischen Diaspora, die am besten organisiert und am aktivsten sind und die am härtesten auftreten. Sie sind an Agos interessiert, und was in Agos steht, hat sie schon jetzt ein Stück weit beeinflusst.

Doch war Agos im Inneren gleichermaßen erfolgreich. Hat es die Zeitung vermocht, die türkische armenische Gemeinschaft und ihre Einstellung zu verändern? Darüber will ich nächste Woche schreiben, doch sei schon heute gestanden, dass die Veränderungen hier äußerst bescheidener Natur sind.

Wir tanzen, und sei es auch mit Krücken!　　　　　*21. Juni 2006*

Ein Tag ist schwerer als der andere. Israel bombardiert den Libanon. Die Gassen Beiruts liegen in Schutt und Asche. Und die Menschen im Libanon sind wieder auf der Flucht, kaum dass sie sich von einem langen Bürgerkrieg erholt haben. Nach zwanzig Jahren Wiederaufbau von Beirut steht das Paris des Nahen Ostens schon wieder vor seiner Zerstörung. Mehr noch, der ganze Nahe Osten wird jetzt in einen neuen Krieg gezerrt. Es geht um Syrien und um den Iran. Wer kann diesen Krieg aufhalten und wie? Wie sollen in so einem Klima Palästina und Israel friedlich zusammenleben?

Und wie sieht es in unserem Land aus? Auch hier: Ein Tag ist schwerer als der andere, die Spannung steigt, und gewaltsame Zusammenstöße nehmen zu. An vielen Orten der Türkei sind Leichen aufgebahrt, Mütter weinen um ihre Kinder.[1] Der Zorn kennt keine Grenzen, und er hat auch den Ministerpräsidenten übermannt. »Wenn der Ministerrat morgen zusammentritt, dann ist das keine normale Sitzung«, droht er und kündigt harte Vergeltungsmaßnahmen an. Rache und wieder Rache ist die beherrschende Stimmung im Land, und die Mehrzahl der Leute hat Logik und Verstand längst über Bord geworfen. Auch wir schlittern in einen Zusammenstoß hinein.

Was kann man am Abend eines solchen Tages tun? In eine Kneipe gehen und sich vor Hoffnungslosigkeit betrinken? Oder sich mit Magenkrämpfen ins Bett legen und auf Albträume warten? Kein Wunder, dass man an Krebs erkrankt, so wie Mehmet Uzun, mein kurdischer Bruder, dieser große Diener der kurdischen Literatur. Seine Ärzte in Schweden sind mit ihrem Latein am Ende. »Ich weiß den Ausweg«, sagt da Mehmet zu ihnen. »Bringt mich zurück nach Diyarbakir, mein Heimatviertel gibt mir Kraft.« In Diyarbakir in seinem Viertel sterben, für Mehmet kommt das dem Weiterleben gleich. Da wundern sich die Ärzte in Schweden. Was wissen sie davon, dass Leben und Sterben in unserem Viertel Brüder sind?!

Was kann man tun am Abend eine solchen Tages? Zum Glück haben die Unsrigen ein Konzert ausgerichtet. Sie haben ›Die Freunde von Ruhi Sus‹ eingeladen und dazu Sayat Nova und Kardeş Türküler.[2] [Wie sagte man früher]: Der Sänger kommt in unser Viertel.

---

1   Bezugnahme auf die Begräbnisse von türkischen Soldaten, die im Kampf gegen die prokurdische PKK gefallen sind. An den Grablegungen nahmen oft Zehntausende von Menschen teil.

2   Ruhi Su, sozialistischer Sänger, der viele traditionelle Melodien aufnahm und den »Freundeschor« gründete, gestorben 1985. Saya Nova, Tanzensemble, benannt nach dem gleichnamigen armenischen Sänger, Dichter, Komponisten und Geistlichen (1722-1759), Kardeş Türküler (wörtlich Bruderlieder), gemischter Chor, der Lieder aller Sprachen der Türkei und auch der Nachbarstaaten singt.

»Was für ein Viertel?« mögen manche sagen, »ein Moloch ist die Stadt, gefüllt mit Menschenmassen, wer kann denn da des Sängers Laute hören?« Und andere mögen anmerken, in dem großen Freilufttheater, in dem wir uns versammelt hatten, blieben so viele Plätze leer. »Der Sänger kam ins Viertel, und keiner hat's gehört«, meinen sie schon entmutigt. Und doch, was bleibt uns sonst? Diese Musik ist Gegengift für ›ethnische‹ Konflikte. Das ist nicht einfach ein Konzert, das ist reine Medizin. Es ist der musikalische Ausdruck für eine Kultur des Zusammenlebens.

Geliebter Mehmet, ich habe zwei Eintrittskarten, und eine ist für dich. So sitzen wir zusammen, singen zusammen und irgendwann kommt es mir vor, als tanzten wir zusammen. Und wieder einmal merken wir, dass das Zusammenleben der Kulturen, wie wir es heute schaffen, die Multikulturalität früherer Zeiten um Längen übertrifft. Eigentlich geht es erst jetzt so richtig los.

Früher sang jeder seine eigenen Lieder, heute singen wir auch die Lieder unserer Nachbarn. Wir fangen ganz von vorne an mit Multikulturalität. Und es ist alles andere als leicht, fordert Mühe, Ausdauer und kostet seinen Preis. Und diesen Preis zahlst du, Mehmet, wie alle Sänger vor dir.

Wir beiden wenden während des Konzerts die Augen nicht von jenem Chorsänger, der dort auf Krücken steht und anderen beim Tanzen zusieht. Er ist uns beiden ein Bild für unsere eigene Lage, denn schwankend wie auf Krücken gehen wir unseren Weg zu mehr Demokratie und zu mehr kultureller Vielfalt.

Was meinst du, Mehmet, wenn wir zu diesem Sänger hingingen, ihn unterfassten, du auf der einen Seite und ich auf der anderen. Und wenn wir so den Reigen anführten. Dann tanzten wir bis Jerewan. Und dann würden die Leute dort sagen: »Der Sänger ist in unser Viertel gekommen«. Wie wär' das Mehmet, sag, wie wär' das? Ein rechter Sänger macht doch nicht auf halber Strecke halt. Und dieses Viertel dort ist doch auch unser Viertel. Stell dir nur vor, Mehmet, wie Türken, Kurden und Armenier in Jerewan zusammen Lieder singen. Und nicht nur jeder seine eigenen Lieder, sondern die Lieder seiner Nachbarn. Und wir werfen die Krücken weg. Willkommen, ihr Sänger, hier in unserem Viertel! Willkommen hier zuhause auf deinem Boden, Mehmet!

Huberta von Voss (Hg.)
Porträt einer Hoffnung: Die Armenier

Lebensbilder aus aller Welt,
mit einem Geleitwort von Yehuda Bauer

416 Seiten / Broschur / ISBN 978-3-89930-087-1

»Kein Buch über den Mord, sondern eines vom Überleben.«
Sabine Berking, die taz

»... hochinformativ und wichtig zum Verständnis nicht nur einer
verdrängten Vergangenheit.« *Marko Martin, Die Welt*

»Geradezu labyrinthisch verschlungen lesen sich die Schicksale der
Davongekommenen, von denen es viele in der Diaspora zu
respektablen Stellungen gebracht haben, aber noch immer von
den ›Stimmen der Ermordeten, Verhungerten und Verdursteten‹
heimgesucht werden.« *Wolfgang Günter Lerch, FAZ*

Samir Kassir

Das arabische Unglück

Aus dem Französischen von Ulrich Kunzmann
110 Seiten / Broschur / ISBN 3-89930-151-x

»Dieser Ansatz von Samir Kassir ist neu und höchst interessant.
In der arabischen Welt könnte diese Rückbesinnung auf die
eigenen, längst vergessenen Traditionen zu einem neuen
Selbstbewusstsein führen und, als Alternative zu dem radikalen
Islamismus, eine positive Entwicklung in der Region in Gang
setzen.« *Deutschlandradio Kultur*

»... eine klarsichtige Analyse und eine packende Anklageschrift
zugleich.« *Arno Widmann, Berliner Zeitung*

www.schiler.de

Petra Krusell (Hg.)
Bernard Wittmann: Briefe aus Kurdistan 1954-1963

272 Seiten / gebunden /ISBN 978-3-89930-207-3

Bernard Wittmann: Ingenieur, Familienvater, ehemaliger Kz-Häftling und fleißiger Briefeschreiber. In einer Zeit, die der Brieftaube näher zu liegen scheint als dem Telefon, und die doch erst ein halbes Menschenleben entfernt ist, baute er im irakischen Kurdistan zehn Jahre lang Straßen, Brücken und Freundschaften. Kein soziologisches oder historisches Vorurteil, keine politische Agenda verstellt Wittmann den Zugang zu dieser fremden Gesellschaft: Ihm reichen gute Nerven, Karl-May-Lektüre und gesunder Menschenverstand um Kurdistan begreifen und schätzen zu lernen. Dann kommt die Revolution von 1958, der Barzani-Aufstand, Umstürze. Krieg in Kurdistan! Bald werden nicht nur Nachbardörfer ausradiert, auch das Camp der Straßenbauer gerät zwischen den Fronten unter täglichen Beschuß. Wittmanns Briefe nach Deutschland schwanken zwischen Idyll und Abgrund, zwischen Panik und dem Versuch die Familie daheim nicht zu beunruhigen. So entsteht ein berührend um Objektivität bemühtes, und doch urdeutsch-subjektives Bild einer Gesellschaft, die damals noch so unendlich weit entfernt schien.

www.schiler.de